Kama
sutra

Kama sutra

Les essentiels du bien-être

Clin d'œil

Adaptation française : Claude Lambelet
Secrétariat d'édition : Jérémie Salinger
Révision et PAO : Initiales
Texte original adapté de *The Kama Sutra of Vatsyayana*,
d'après la traduction de Sir Richard Burton

© 2004 Éditions Gründ pour l'édition française
www.grund.fr

© 2003 Black Dog & Leventhal Publishers pour l'édition originale sous le titre *Kama Sutra*

ISBN 2-7000-8502-7
Dépôt légal : mars 2004
Imprimé en Chine

Couverture et maquette intérieure : Sheila Hart Design
Illustration de la couverture reproduite avec l'aimable autorisation
de The Bridgeman Art Library International.
Toutes les illustrations sont reproduites avec l'aimable autorisation
de The Bridgeman Art Library International,
sauf la page 19 reproduite avec l'aimable autorisation de PhotoDisc
et les pages 25 et 123 reproduites avec l'aimable autorisation
du Victoria & Albert Museum, London/Art Resource, NY.

SOMMAIRE

LA VIE EN SOCIÉTÉ

L'Acquisition du Dharma, de l'Artha et du Kama

homme, dont l'espérance de vie est de cent ans, devrait pratiquer alternativement et de façon harmonieuse le Dharma, l'Artha et le Kama, de sorte qu'ils ne connaissent jamais la discorde. Instruit dès son enfance, il s'adonnera à l'Artha et au Kama dans sa jeunesse et sa maturité ; quand il aura atteint la vieillesse, il se consacrera au Dharma, afin de tenter d'acquérir le Moksha et de se libérer ainsi du cycle des réincarnations. En raison des vicissitudes de l'existence, il pourra aussi choisir de pratiquer ces trois disciplines chacune

L'Acquisition du Dharma, de l'Artha et du Kama

en des temps opportuns. Mais une chose est certaine : jusqu'à la fin de son instruction, il se dédiera à la religion.

Le *Dharma* est l'obéissance aux règles du Shastra, ou Écritures saintes hindoues. Certaines d'entre elles, relatives aux sacrifices, ne sont généralement pas suivies, car elles n'engendrent pas d'effet tangible dans notre monde. En revanche, on obéit à d'autres, comme l'interdiction de manger de la viande, car cet acte est proche de nos préoccupations quotidiennes et que sa transgression se remarque.

La connaissance du Dharma s'acquiert par l'étude du Shruti (Écritures saintes), et auprès des érudits.

L'*Artha* est la discipline qui enseigne les arts, l'acquisition de la terre, de l'or,

du bétail, des richesses, des équipages et des amis. Elle enseigne aussi comment défendre ses richesses et les faire prospérer.

Les personnes aptes à enseigner l'Artha sont les officiers royaux et les marchands versés dans l'exercice du commerce.

Le *Kama* enseigne l'art de la jouissance au moyen des cinq sens que sont l'ouïe, le toucher, la vue, le goût et l'odorat… associés à l'esprit et à l'âme. La démarche essentielle est d'apprendre à reconnaître, dans chaque cas particulier, l'organe des sens à utiliser. Le plaisir qui en résultera et la conscience de ce plaisir sont le Kama.

Le Kama est enseigné par le *Kama sutra* (Aphorismes sur l'amour) et la pratique.

Des trois enseignements, le Dharma est préférable à l'Artha, et l'Artha au Kama. Néanmoins, le roi devrait toujours faire prévaloir l'Artha, car c'est de lui seul que dépend la subsistance du peuple. Et comme donner du plaisir est l'occupation première des femmes publiques, elles devraient préférer le Kama aux deux autres disciplines. Ce sont là deux exceptions à la règle générale.

Objection

Certains érudits affirment, étant donné que le Dharma se rapporte à des choses qui ne sont pas de ce monde, qu'il ne peut en être traité dans un ouvrage de façon pertinente. Il en est de même pour l'Artha qui ne se pratique que par l'usage de certains moyens dont la connaissance s'acquiert uniquement par l'étude et les écrits. En revanche, point besoin n'est de

L'Acquisition du Dharma, de l'Artha et du Kama

consacrer un ouvrage au Kama, pratiqué partout et par tout le monde.

Réponse

Cela n'est pas exact : les rapports sexuels entre hommes et femmes requièrent certaines approches qui leur sont propres et c'est ce qu'enseigne le *Kama shastra*. Le monde animal n'en a pas besoin car les femelles sont prêtes pour l'accouplement à certaines saisons bien déterminées : il en résulte qu'aucune réflexion préalable n'est nécessaire.

Objection

Les Lokayatikas[1] affirment : « Il n'est pas nécessaire d'observer des commandements religieux, car ils portent un fruit à venir mais ce fruit est incertain. Qui serait assez fou pour perdre ce qu'il a au profit d'un autre ? Avoir un pigeon aujourd'hui vaut mieux que posséder un paon demain ; et être certain de gagner une pièce de cuivre aujourd'hui vaut mieux que, peut-être, recevoir une pièce d'or demain. »

Réponse

Cela n'est pas exact : tout d'abord, les Écritures saintes qui enseignent la pratique du Dharma ne laissent aucune place au doute.

De plus, on constate que les sacrifices accomplis en vue de détruire les ennemis ou de faire venir la pluie, produisent quelquefois des résultats tangibles.

Ensuite, il est clair que le soleil, la lune, les étoiles, les planètes et tout autre astre céleste œuvrent délibérément pour le bien de ce monde.

En outre, c'est bien l'observance des

1 Il s'agit certainement de matérialistes qui pensaient que : « Un tien vaut mieux que deux tu l'auras. »

lois qui régissent les quatre classes d'hommes et les quatre étapes de la vie[2] qui maintiennent l'existence de ce monde.

Enfin, lorsque l'on sème, c'est bien dans l'espoir de récolter un jour.

Par conséquent, Vatsyayana pense que les commandements de la religion doivent être respectés.

Objection

Ceux qui croient en la force du destin disent : « Nous ne devrions pas nous employer à acquérir des richesses, car il arrive que la richesse ne vienne pas, alors que nous luttons de toutes nos forces pour elle, et il peut se produire qu'elle nous vienne toute seule, alors que nous n'avons fait aucun effort pour l'acquérir. Tout repose entre les mains du destin, ordonnateur des pertes et des gains, du succès et de la défaite, du plaisir et de la souffrance. »

Nous voyons bien comment Bali[3] fut porté sur le trône d'Indra par le destin et en fut jeté bas par ce même destin. Le destin seul pourra le rétablir dans sa dignité.

Réponse

Ce raisonnement est faux. Comme toute acquisition présuppose immanquablement un effort de la part de l'homme, la mise en œuvre de moyens adaptés doit être considérée comme la source de tout succès. Il faut donc tout faire pour réussir (même lorsque les choses doivent fatalement se produire). Une personne qui n'entreprend rien, ne goûtera pas au bonheur.

Objection

Ceux qui croient en l'importance de

2 Chez les Hindous, les quatre classes sont les Brahmanes ou classe des prêtres, les Kshatriyas ou classe des guerriers, les Vaishyas ou classe des paysans et commerçants, et les Chudras ou classe inférieure (domestique). Les quatre stades de la vie sont : la vie de l'étudiant en théologie (Brahmacarin), la vie de chef de famille (Grihastha), la vie de Vanaprastha ou habitant de la forêt, et la vie du Sannyasin ou ascète itinérant.

3 Bali est un démon qui, ayant vaincu Indra, s'empara de son trône. Plus tard, il fut terrassé par Vishnu, lors de sa cinquième réincarnation.

L'Acquisition du Dharma, de l'Artha et du Kama

l'Artha disent : « On ne devrait pas s'adonner à la recherche du plaisir car ce serait faire obstacle à la pratique du Dharma et de l'Artha qui leur sont supérieurs. Les personnes de mérite méprisent les plaisirs qui ne font que mener l'homme à sa perte ; ils lui font côtoyer des êtres de caste inférieure ; il est conduit sur le chemin de l'impiété et plonge dans l'impureté ; il se détourne de l'avenir, poussé par la futilité et la légèreté. Enfin, plus personne ne croit en lui, ni ne le reçoit en sa demeure ; il est méprisé de tous et se méprise lui-même. De plus, il est de notoriété publique que ceux qui s'adonnent aux plaisirs, ne connaissent finalement que la ruine, entraînant avec eux leur

> Le *Kama* est l'art de la jouissance au moyen des cinq sens.

L'homme, dont
l'espérance de vie
est de cent ans,
devrait pratiquer
alternativement et de
façon harmonieuse
le Dharma, l'Artha et
le Kama, de sorte
qu'ils ne connaissent
jamais la discorde.

famille et leurs parents. Ainsi, le roi Dandakya[4] de la dynastie des Bhoja, animé d'intentions funestes, avait enlevé une fille de Brahmane. Il se retrouva ruiné et perdit son royaume. Indra aussi dut expier pour avoir violé la chasteté d'Ahalya[5]. Le puissant Kichaka[6] et Ravana[7] furent tous deux grandement punis : l'un pour avoir tenté de séduire Draupadi et l'autre pour avoir tenté d'abuser de Sita. Guidés par les plaisirs, ceux-là et beaucoup d'autres ne connurent que la déchéance.

Réponse

Cette objection ne peut être prise en considération, car les plaisirs sont aussi nécessaires à la vie et au bien-être du corps que la nourriture. Par conséquent, ils sont indispensables. De plus, ils émanent du Dharma et de l'Artha.

4 Dandakaya aurait enlevé dans la forêt la fille d'un Brahmane nommé Bhargava. Maudit par ce dernier, Dandakaya se retrouva enseveli, lui et son royaume, sous une nuée de poussière. L'histoire se serait déroulée dans la forêt de Dandaka, célébrée dans le *Ramayana*, mais dont on ignore l'emplacement exact aujourd'hui.

5 Ahalya était la femme du sage Gautama. Indra, ayant pris les traits de Gautama, abusa d'elle. Il fut alors maudit par Gautama et son corps fut couvert de milliers d'ulcères.

On doit donc s'y adonner avec modération et prudence. Personne ne s'abstient de cuisiner sous prétexte que les mendiants réclament de quoi manger. De même que personne n'arrête de semer à cause des bêtes qui saccagent le blé en herbe.

Ainsi donc, celui qui met en œuvre le Dharma, l'Artha et le Kama connaîtra le bonheur ici-bas et dans l'au-delà. Les justes n'exerceront que les actions favorables à leur bien-être et craindront celles qui pourraient leur être reprochées dans l'au-delà. Toute action qui ressort de l'observance du Dharma, de l'Artha et du Kama réunis ou bien de deux d'entre eux, ou bien d'un seul, peut être entreprise. Cependant si une action ne peut être pratiquée qu'au détriment des deux autres disciplines, il faudra y renoncer.

6 Kichaka était le beau-frère du roi Virata, auprès de qui les Pandavas avaient demandé asile pour une année. Kichaka fut tué par Bhima qui avait pris les traits de Draupadi. Cette histoire est racontée dans le *Mahabharata*.

7 L'histoire de Ravana est évoquée dans le *Ramayana* ; le *Ramayana*, rédigé par Vlamiki, et le *Mahabharata*, rédigé par Vyasa, sont les deux grandes épopées sacrées hindoues.

L'Étude des Arts
et des Sciences

homme devrait étudier les arts et les sciences du *Kama sutra* parallèlement à ceux qui concernent le Dharma et l'Artha. Les jeunes filles étudieront également ce *Kama sutra*, ainsi que les arts et techniques qui s'y rattachent, avant le mariage. Une fois mariées, elles poursuivront cette étude avec le consentement de leur mari.

Sur ce point, certains érudits soutiennent que les femmes, n'étant pas admises à approcher les sciences, ne devraient pas étudier le *Kama sutra*.

Mais Vatsyayana ne partage pas cette opinion, car les femmes connaissent déjà la pratique du *Kama sutra* et cette pratique dérive du *Kama shastra*, la science propre au Kama. De plus, ce n'est pas l'unique cas où la pratique d'une science est largement répandue, mais où seul un petit nombre de personnes savent quelles lois la régissent. Ainsi, les Yajnikas ou sacrificateurs, qui n'ont jamais appris la grammaire, s'adressent aux différentes divinités en utilisant les mots appropriés, bien qu'ils en ignorent l'orthographe. Il en est ainsi pour les personnes qui s'acquittent de tâches précises aux jours fixés par l'astrologie mais ne connaissent rien à cette science. De la même façon, les dresseurs de chevaux et les cornacs savent mener leurs bêtes respectives à force de pratique, bien qu'ils n'aient jamais appris la science du dressage.

Les jeunes filles
étudieront également
ce *Kama sutra*,
ainsi que les arts
et techniques qui
s'y rattachent,
avant le mariage.
Une fois mariées,
elles poursuivront
cette étude avec
le consentement
de leur mari.

Pareillement, les habitants de provinces éloignées obéissent aux lois du royaume sans autre raison que celle d'être soumis à l'autorité d'un roi[1]. D'expérience, nous savons que certaines femmes, filles de prince ou de leur ministre, et femmes publiques sont réellement versées dans le *Kama shastra*.

Par conséquent, une femme devrait étudier au moins certaines parties du *Kama shastra*, sinon l'intégralité, en s'instruisant auprès d'une amie intime. Seule ou en privé, elle apprendra les soixante-quatre parties du *Kama shastra*. Elle sera conseillée par l'une des personnes suivantes : sa sœur de

> Une femme devrait étudier le *Kama shastra*... en s'instruisant auprès d'une amie intime.

lait déjà mariée[2] ou une amie en qui elle a toute confiance, une tante, une vieille servante, une mendiante qui a vécu dans sa famille, ou encore sa propre sœur en qui elle aura toujours confiance.

Les techniques et les arts suivants sont à étudier avec le *Kama sutra* :

1 Le chant.

2 La musique instrumentale.

3 La danse.

4 Danser, chanter et jouer d'un instrument simultanément.

5 L'écriture et le dessin.

6 Le tatouage.

1 L'auteur veut démontrer que les gens accomplissent nombre de choses par habitude et par tradition, sans en connaître la raison profonde ni les lois qui les régissent, et ceci est parfaitement exact.

2 Toutes les instructrices doivent être déjà mariées.

L'Étude des Arts et des Sciences

7 L'art de parer une idole avec du riz et des fleurs.

8 L'arrangement floral sur les couches et les lits ou sur le sol.

9 La coloration des dents, des vêtements, des cheveux, des ongles et du corps, par la peinture et le tatouage.

10 La mosaïque des sols avec du verre coloré.

11 L'art de faire les lits et de disposer tapis et coussins pour s'y prélasser.

12 Faire de la musique avec des verres remplis d'eau.

13 Retenir et acheminer l'eau à l'aide d'aqueducs, de citernes et de réservoirs.

14 La peinture, la passementerie
et la décoration.

15 La confection de colliers,
de guirlandes et de couronnes
de fleurs.

16 L'enroulement de turbans,
de guirlandes et la confection
d'aigrettes et de houppes fleuries.

17 Les représentations théâtrales
et les jeux de scène.

18 L'art de confectionner des boucles
d'oreilles.

19 L'art de préparer parfums et senteurs.

20 L'art de s'orner de bijoux
et d'accessoires, et de parer
ses vêtements.

L'Étude des Arts et des Sciences

21 La magie et la sorcellerie.

22 L'habileté et la dextérité manuelle.

23 L'art culinaire.

24 La préparation des limonades, sorbets, boissons aromatisées, alcools et spiritueux.

Elle sera conseillée par l'une des personnes suivantes : sa sœur de lait déjà mariée ou une amie en qui elle a toute confiance.

25 La couture.

26 La confection de plumets, de fleurs, d'aigrettes, de pompons, de flots, de glands, de nœuds, en fil ou en ruban.

27 La résolution de devinettes, de rébus, de charades et d'énigmes.

28 Le jeu de l'enchaînement des vers : lorsqu'une personne a terminé son vers, la personne suivante doit

en faire un autre qui débute par la fin
du vers précédent. Celle qui échoue
doit s'acquitter d'un gage.

29   L'art de la pantomime.

30   La lecture et la récitation.

31   La connaissance de phrases difficiles
à prononcer. C'est un jeu que
pratiquent surtout les femmes et les
enfants. Il faut répéter rapidement
une phrase difficile à prononcer.
Les mots seront alors transposés
ou mal prononcés.

32   La maîtrise de l'épée, du bâton, de la
pique, de l'arc et de la flèche.

33   L'art de la démonstration, du raisonnement et de la conclusion.

34 La menuiserie ou la charpenterie.

35 L'architecture ou l'art
    de la construction.

36 L'étude des monnaies d'or et d'argent,
    la connaissance des bijoux et des
    pierres précieuses.

37 La chimie et la minéralogie.

38 La coloration des bijoux, des pierres
    et des perles.

39 La connaissance des mines
    et des carrières.

40 Le jardinage ; la connaissance des
    maladies des plantes et des arbres
    et la manière de les traiter, de les
    entretenir et de déterminer
    leur âge.

L'Étude des Arts et des Sciences

4 1   La connaissance des combats de coqs,
      de cailles et de béliers.

4 2   L'art d'enseigner à parler aux
      perroquets et aux mainates.

4 3   L'art de s'enduire le corps et les
      cheveux d'huiles parfumées et de
      tresser des nattes.

4 4   L'art de décrypter les messages
      chiffrés et les codes secrets.

4 5   L'art de changer la forme des mots,
      exercice qui s'effectue de diverses
      manières : en modifiant le début
      ou la fin d'un mot ou en ajoutant
      des lettres superflues entre chaque
      syllabe.

4 6   La connaissance des langues et des
      dialectes.

47   L'art de confectionner des chars de
      fleurs.

48   L'art de tracer des figures magiques
      ou de psalmodier des incantations et
      de nouer des bracelets.

49   Le jeu d'esprit qui consiste à compléter
      un vers ou à composer le début d'une
      strophe lorsqu'on n'en connaît que
      la fin ; à arranger les mots d'un vers,
      écrit de façon erronée en séparant
      les voyelles des consonnes ou en
      les omettant ; à transcrire en vers ou
      en prose des phrases représentées par
      des signes ou des symboles. Il existe
      de nombreux exercices de la sorte.

50   La composition des poèmes.

51   L'apprentissage de mots et de termes
      spécifiques.

52 L'art du déguisement.

53 L'art de changer l'apparence
    des choses : donner au coton l'allure
    de la soie, ou enjoliver des objets
    grossiers.

54 Les différents jeux d'argent.

55 L'art de s'approprier le bien d'autrui
    à l'aide de mantras et d'incantations.

56 L'aptitude aux sports que pratique
    la jeunesse.

57 La connaissance des usages en société ;
    l'art de présenter ses hommages et
    d'adresser ses compliments.

58 La connaissance des arts de la guerre,
    des armes, des armées, etc.

59 L'éducation physique.

60   L'art de déterminer le caractère d'un homme d'après son allure physique.

61   L'art de la scansion et de la construction d'un vers.

62   Les jeux arithmétiques.

63   La fabrication de fleurs artificielles.

64   La fabrication de figurines et d'effigies en argile.

Une femme publique, de bonne disposition, belle, possédant d'autres atouts, et également versée dans les arts énumérés ci-dessus, est nommée Ganika ou femme publique de haute qualité ; elle a droit à un siège d'honneur dans les assemblées d'hommes. Elle a toujours droit au respect du roi et les érudits

De même, versée
dans ces arts, la fille
d'un roi ou d'un
ministre est assurée
d'être la favorite de
son époux, fût-elle
entre mille autres
femmes.

la louent ; on cherche ses faveurs, elle est l'objet d'une estime universelle. De même, versée dans ces arts, la fille d'un roi ou d'un ministre est assurée d'être la favorite de son époux, fût-elle entre mille autres femmes. Pareillement, si une femme se sépare de son mari et tombe dans la misère, elle pourra facilement (à condition d'exceller dans toutes ces techniques) subvenir à ses besoins, fût-elle en pays étranger. Une connaissance même succincte suffit à elle seule à rendre une femme attrayante, bien que la pratique ne soit rendue possible que dans certaines circonstances.

> L'homme versé dans ces arts... conquiert en peu de temps le cœur des femmes.

L'Étude des Arts et des Sciences

L'homme versé dans ces arts, à condition qu'il connaisse l'art du langage et la galanterie, conquiert en peu de temps le cœur des femmes.

L'Étude des Arts et des Sciences

La Vie d'un Gentilhomme

**A**près avoir été instruit, l'homme doté d'une fortune, amassée grâce à des dons, des conquêtes, des acquisitions, des arrhes[1] ou l'héritage de ses ancêtres, devient chef de famille (Grihastha) et mène une vie de gentilhomme. Il s'établira dans une maison en ville ou dans une bourgade, à proximité d'honnêtes gens, ou en tout endroit bien fréquenté. Cette demeure, située idéalement près d'un cours d'eau, devra comprendre plusieurs appartements conçus pour différents usages. Entourée d'un jardin, elle

1 Les dons concernent le Brahmane, la conquête le Kshatriya, alors que les acquisitions ou les arrhes, et d'autres moyens pour augmenter sa fortune appartiennent aux Vaishyas.

La Vie d'un Gentilhomme

disposera de deux appartements, l'un extérieur, l'autre intérieur. L'appartement intérieur sera celui des femmes. L'appartement extérieur, parfumé de riches essences, sera meublé d'un beau lit recouvert d'un drap blanc immaculé, creux au centre, jonché de guirlandes et de bouquets de fleurs[2], surmonté d'un baldaquin, muni de deux coussins, l'un à sa tête, l'autre à son pied. Il y aura, en outre, une sorte de divan à la tête duquel se trouvera quelque table de chevet. On y aura déposé des substances parfumées pour la nuit, notamment des fleurs, des pots d'onguent et autres fragrances que l'on utilise pour se parfumer la bouche, et de l'écorce de cédratier.

> Cette demeure...
> devra comprendre
> plusieurs appartements
> conçus pour
> différents usages.

2 Fleurs naturelles des jardins.

L'appartement extérieur, parfumé de riches essences, sera meublé d'un beau lit recouvert d'un drap blanc immaculé... surmonté d'un baldaquin.

Près du lit, par terre, on disposera un crachoir, un coffre à parures, et aussi un luth suspendu à une patère en dent d'éléphant, une planche à dessin, un pot à parfum, quelques livres, et des guirlandes d'amarantes jaunes. Plus loin, sur le sol, un siège rond, une boîte à jeux et une table pour jouer aux dés ; en dehors de l'appartement extérieur, il y aura des cages à oiseaux[3] et un espace réservé au filage, à la sculpture et à d'autres loisirs. Dans le jardin, on trouvera un tourniquet, une balançoire, ainsi qu'une tonnelle fleurie, sous laquelle on viendra s'asseoir.

Debout depuis le matin, le chef de maison, s'étant acquitté de ses besoins naturels[4], se lavera les dents, enduira son corps d'onguents et de parfums en quantité modérée. Il versera du collyre sur ses paupières et sous ses yeux ; après s'être coloré les lèvres avec de l'alacktaka[5] il se regardera dans la glace. Il mâchera ensuite des feuilles de bétel mélangées à d'autres substances qui parfument la bouche, puis il vaquera à ses occupations journalières. Il prendra un bain tous les jours, s'oindra le corps d'huile tous les deux jours, se frottera d'une substance moussante[6] tous les trois jours, se fera raser la tête (et le visage) tous les quatre jours, et les autres parties du corps tous les cinq ou dix jours[7]. Tout ceci doit être accompli minutieusement. Il prendra également soin d'essuyer la sueur de ses aisselles. Selon Charayana, il devra prendre ses repas dans la matinée, au cours de l'après-midi et de nouveau en soirée. Après le petit déjeuner, il apprendra à parler aux perroquets et autres oiseaux, puis il assistera à des combats de coqs, de cailles et de

Cailles, perdrix, perroquets, mainates, etc.

Les besoins naturels sont en général la première chose que font les Hindous le matin.

Une couleur qui provient de la laque.

Employée comme savon, qui ne fut introduit qu'à l'époque musulmane.

Tous les dix jours lorsque l'on s'épile.

La Vie d'un Gentilhomme

béliers. Il pourra s'adonner à quelque loisir avec des Pithamardaas, des Vitas et des Vidushakas[8]. Midi sera consacré au repos[9]. L'après-midi, après s'être habillé et paré, le maître de maison devisera avec ses amis. Le soir, on chantera ; puis, dans sa chambre décorée et parfumée, le maître de maison et ses amis attendront l'arrivée de la femme qui lui est attachée ; il la fera convoquer par une messagère, ou la rejoindra lui-même. Dès qu'elle aura pénétré dans la maison, tous lui souhaiteront la bienvenue et l'entretiendront d'une conversation plaisante et amicale. Ainsi prendront fin ses occupations journalières.

De temps à autre, en guise d'amusement ou de divertissement, on pourra organiser :

8 Personnages du théâtre hindou. Il en sera question plus loin.

9 Le repos de midi n'est autorisé qu'en été, lorsque les nuits sont écourtées.

10 Très fréquentes dans toute l'Inde.

11 Dans l'*Asiatic Miscellany* et les études de Sir William Jones, on trouve un hymne dédié à cette déesse, vénérée comme patronne des arts, en particulier la musique et la rhétorique, et comme celle qui inventa le sanscrit, etc. Elle est la déesse de l'harmonie, de l'éloquence et du langage, et peut, en quelque sorte, être comparée à Minerve.

1   Une fête religieuse[10] en l'honneur
    de diverses divinités.

2   Des rencontres entre les deux sexes.

3   Des fêtes à boire.

4   Des pique-niques.

5   D'autres distractions.

Fêtes religieuses

Aux jours fixés par les augures, une
assemblée de citoyens sera conviée
dans le temple de Saraswati[11]. Là,
le talent des chanteurs et d'autres
personnes arrivées récemment en ville
sera mis à l'épreuve. Ils seront récom-
pensés le jour qui suit. Ils seront
engagés ou congédiés selon le niveau

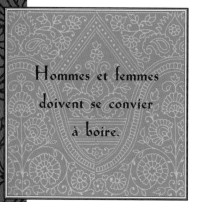

Hommes et femmes
doivent se convier
à boire.

de leur performance. En période de prospérité comme en période d'infortune, les membres de l'assemblée devront toujours agir avec la même collégialité. Il est aussi de leur devoir de bien accueillir les étrangers qui se rendent à l'assemblée. Ce qui vient d'être dit s'applique également à toutes les fêtes que l'on donne en l'honneur des différentes divinités.

Réunions de société

Quand des hommes du même âge, de dispositions et de talents égaux, apprécient les mêmes loisirs et jouissent d'un même degré d'instruction, ils se réunissent en compagnie

12 Les femmes publiques ou courtisanes (Vesyas) des premiers Hindous ont souvent été comparées aux hétaïres grecques. H.H. Wilson en parle dans son *Select Specimens of the Theatre of the Hindoos*, en deux volumes (Trubner and Co., 1871). Il est vraisemblable que la courtisane fut l'un des éléments constitutifs – et non le moindre – de la société hindoue ancestrale et que,

de courtisanes[12], dans une assemblée de gentilshommes ou dans la demeure d'un des leurs et discourent aimablement. Une telle assemblée est appelée réunion de société. Ils s'adonnent à des jeux tel que compléter un vers, ou tester mutuellement leurs connaissances en arts. Ils rendent hommage aux plus belles femmes, celles qui apprécient les choses que les hommes apprécient et celles qui savent charmer par leur esprit.

Fêtes à boire

Hommes et femmes doivent se convier à boire. Les hommes inviteront les courtisanes à boire et consommeront eux-mêmes des alcools comme le Madhu, l'Aireya, le Sura ou l'Asawa qui sont amers et fermentés ; il y aura aussi des boissons à base d'écorces variées, de baies sauvages et de feuilles.

dans le domaine de l'esprit et de l'instruction, elle ait surpassé la maîtresse de maison. Wilson dit à ce propos : « Par Vesya ou courtisane, cependant, nous n'entendons pas une femme qui ne respecte pas la loi ou les préceptes de la vertu, mais un personnage dont les mœurs sont inconnues des femmes mariées et honorables de la société et qui ne pourraient les fréquenter qu'aux dépens de leur réputation. »

La Vie d'un Gentilhomme

Promenades dans les jardins
ou pique-niques

Après midi, les hommes préparés, iront se promener à cheval dans les jardins, en compagnie de courtisanes et suivis de leurs serviteurs. Ils se divertiront au spectacle des combats de cailles, de coqs et de béliers, avant de s'en retourner chez eux dans l'après-midi, pareillement accompagnés et chargés de gerbes de fleurs.

L'été, ils iront se baigner dans un bassin de pierre dont l'eau aura été débarrassée au préalable des animaux venimeux et dangereux.

Autres divertissements

Jouer aux dés toute la nuit. Se promener au clair de lune. Célébrer les fêtes du printemps. Cueillir les bourgeons et les fruits du manguier.

Manger les fibres du lotus. Manger les tendres pousses de blé. Pique-niquer en forêt quand les arbres sont en feuillaison. Pratiquer l'Udakakshvedika ou les sports aquatiques. Se parer mutuellement avec les fleurs des arbres. Faire des batailles de fleurs cueillies sur l'arbre Kadamba. Pratiquer d'autres activités connues de tout le pays ou particulières à certaines provinces. Tous les citoyens s'adonneront à ces loisirs.

Un homme seul accompagné d'une courtisane, peut s'adonner aux divertissements décrits ci-dessus, de même qu'une courtisane avec ses servantes ou d'autres personnes.

Un Pithamarda[13] est une personne seule et sans fortune personnelle. Sa Mallika[14], quelques produits moussants pour la toilette et un drap rouge

13 Selon ce qui est dit ici, le Pithamarda enseigne toutes les disciplines. En tant que tel, il est reçu comme ami et confident par tous les bourgeois.

14 Un siège en forme de *T*.

15 Le Vita pourrait être comparé au Parasite de la comédie grecque. Il servait probablement les riches en tant que précepteur et leur tenait également compagnie.

16 Le Vidushaka est le bouffon. Wilson dit de lui qu'il est l'humble

sont ses seuls biens ; il est originaire d'une région honorable et excelle dans tous les arts. Comme il enseigne ces arts, il pénètre dans les demeures des courtisanes et y rencontre de nombreuses personnes.

compagnon et non le serviteur du prince ou de l'homme de haut rang. Curieusement, il s'agit toujours d'un Brahmane. Pour un Occidental, il se rapprocherait plutôt de Sancho Pança, en ce sens qu'il allie la perspicacité et la simplicité, et qu'il aime vivre bien et à son aise. Au théâtre, il aurait certains talents de Mercure, avec moins d'habileté cependant. Il souffre parfois de ses propres interventions. Le ridicule de son personnage, son âge et son accoutrement suscitent quelquefois les rires.

Un Vita[15] est à l'égal des gens qu'il fréquente, car il a autrefois connu la fortune. Il est donc comparable à un maître de maison. Marié, il a sa place dans les assemblées des notables et dans les demeures des courtisanes mais vit à leurs dépens.

> Les hommes préparés, iront se promener à cheval dans les jardins.

Le Vidushaka[16] (également nommé Vaihasaka, celui qui fait rire), est une personne qui ne connaît qu'un seul de ces arts, celui du bouffon. Il jouit cependant de la confiance de tous.

La Vie d'un Gentilhomme

Tous ces gens interviennent dans les querelles et réconciliations entre courtisanes et gentilshommes. Il en est de même des mendiantes, des femmes au crâne rasé, des femmes adultères et des courtisanes âgées et expérimentées.

Ainsi, le gentilhomme qui réside dans sa ville ou dans son village, respecté de tous, ne devrait fréquenter que les gens de sa propre caste, ceux qui méritent d'être connus. Il conversera avec ses amis et s'efforcera de leur être agréable ; en leur offrant son aide dans diverses affaires, il les incitera à se porter mutuellement assistance, ainsi qu'il le fait lui-même.

Voici quelques strophes à ce sujet :

« Un homme qui discute en société de divers sujets, ni entièrement en

17 Cela présuppose que le gentilhomme doit connaître plusieurs langues. Au milieu du texte, il est peut-être fait référence aux voyous.

langue sanscrite[17], ni tout à fait dans les dialectes du pays, s'attire un grand respect. Le sage ne devrait pas fréquenter une société honnie de tous, qui ne respecte rien et qui n'aspire qu'à détruire son prochain. Mais l'érudit qui vit dans une société et se comporte de manière aimable, et dont l'unique objet est le plaisir, est hautement respecté de par le monde. »

La Vie d'un Gentilhomme

L'UNION SEXUELLE

Les Différentes Sortes d'Accouplement selon les Mensurations, l'Ardeur du Désir et la Durée

elon la taille de son lingam, on classe l'homme en trois catégories : lièvre, taureau ou cheval.

Selon la profondeur de son yoni, la femme sera biche, jument ou éléphante.

Entre personnes de même taille, il y a donc trois unions possibles, et six entre personnes de taille inégale, donc neuf au total, ainsi qu'il ressort du tableau sur la page suivante :

Les Différentes Sortes d'Accouplement Selon les Mensurations, l'Ardeur du Désir et la Durée

TAILLES ÉGALES

Hommes	*Femmes*
Lièvre	Biche
Taureau	Jument
Cheval	Éléphante

TAILLES INÉGALES

Hommes	*Femmes*
Lièvre	Jument
Lièvre	Éléphante
Taureau	Biche
Taureau	Éléphante
Cheval	Biche
Cheval	Jument

Si l'on considère la taille, il y a neuf unions possibles. De celles-ci, les meilleures sont les unions assorties.

Dans ces unions de tailles inégales, on parle de haute union lorsque l'homme dépasse la femme d'une

catégorie, et il y en a deux sortes. Alors que l'union avec une femme de la taille la plus petite est appelée union très haute : elle n'est que d'une sorte. Mais si la femme est plus grande que l'homme, et qu'elle s'unit avec un homme qui la suit directement en dimensions, il s'agira d'une union basse et il en est de deux sortes. Si elle s'unit avec un homme de la taille la plus petite, on parlera d'union très basse et il en est d'une sorte uniquement.

En d'autres termes, le cheval et la jument, le taureau et la biche forment une haute union, alors que le cheval et la biche forment une très haute union. Du côté de la femme, l'éléphante et le taureau, la jument et le lièvre forment des unions basses, alors que l'éléphante et le lièvre forment une union très basse.

Si l'on considère la taille, il y a neuf unions possibles. De celles-ci, les meilleures sont les unions assorties. Celles qui se font entre les tailles les plus éloignées sont les plus mauvaises. La plus grande et la plus petite sont les pires, les autres sont passables. Parmi elles, les hautes[1] sont meilleures que les basses.

Si l'on considère la force de la passion ou du désir charnel, il y a aussi neuf sortes d'union qui sont :

Hommes	Femmes
Faible	Faible
Moyenne	Moyenne
Intense	Intense
Faible	Moyenne
Faible	Intense

[1] Les unions dites hautes sont meilleures que les basses : la première satisfait la passion de l'homme sans blesser la femme, alors que la deuxième ne procure aucune satisfaction à la femme.

Les Différentes Sortes d'Accouplement Selon les Mensurations, l'Ardeur du Désir et la Durée

Hommes	Femmes
Moyenne	Faible
Moyenne	Intense
Intense	Faible
Intense	Moyenne

Un homme est dit de faible passion lorsque son désir n'est pas grand, sa semence peu abondante et qu'il ne supporte pas l'étreinte passionnée de la femme.

Ceux qui présentent un tempérament différent sont dits de passion moyenne, alors que ceux qui font preuve d'une passion intense sont pleins de désir.

De la même manière, les femmes sont dotées elles aussi, de ces trois degrés de tempérament.

Enfin, si l'on considère la durée, il y a trois catégories différentes tant pour les hommes que pour les femmes : les unions qui requièrent peu de temps, un temps moyen ou beaucoup de temps. Comme précédemment, il y a neuf sortes d'unions selon les combinaisons.

Mais sur ce dernier point, il faudrait mentionner une différence d'opinion au sujet de la femme.

Auddalika dit : « Les femmes ne répandent pas comme les hommes. Les hommes apaisent simplement leur désir, alors que les femmes ressentent une sorte de plaisir en relation avec leur désir. Cela leur donne de la satisfaction, mais il leur est impossible de dire quel genre de plaisir elles ressentent. Ceci se manifeste par le fait que les hommes arrêtent le coït après avoir éjaculé et en sont satisfaits. Ce n'est pas le cas des femmes. »

On objecte à ceci que si l'homme fait durer l'acte, la femme en sera comblée ; s'il est rapide, elle sera insatisfaite. Selon certains, c'est la preuve, qu'elle aussi éjacule.

Mais cette opinion n'est pas valable, car il faut beaucoup de temps pour apaiser le désir d'une femme, et pendant ce temps elle éprouve beaucoup de plaisir. Il est donc normal qu'elle désire voir l'acte continuer. Sur ce sujet, il y a un poème qui dit ceci :

« La soif, le désir ou la passion d'une femme se satisfait par l'union avec l'homme ; le plaisir qui lui en donne conscience est appelé la satisfaction. »

Les disciples de Babhravya affirment cependant que : « Du début à la fin de l'union sexuelle, la femme sécrète une semence. » Il en est certainement ainsi, car s'il n'y avait pas de semence, il n'y aurait pas d'embryon non plus.

Il y a une objection à cela : au début du coït, la passion de la femme est moyenne. Elle peine à supporter les vigoureux coups de son amant ; mais progressivement, sa passion s'accroît jusqu'à ce qu'elle perde la conscience de son corps et finalement désire que le coït cesse.

Cette objection cependant n'est pas recevable, car même de simples

> « La soif, le désir ou la passion d'une femme se satisfait quand elle s'unit à l'homme. »

choses qui tournent très vite, comme
une roue de potier ou une toupie
commencent leur révolution lentement
pour la terminer rapidement. De la
même manière, la passion de la femme
s'étant progressivement accrue, elle
désire poursuivre le coït, alors même
que toute sa semence s'est en principe
écoulée.

Voici un poème qui évoque
ce sujet :

« La semence de l'homme ne se répand
qu'à la fin du coït, tandis que la
semence de la femme ne cesse
de s'écouler tout au long de l'acte ; et
lorsque tous deux ont épuisé leur
semence, ils désirent alors mettre fin
à l'acte. »

Ici, quelqu'un pourrait demander :
« Si hommes et femmes étaient

Au début du coït,
la passion de la
femme est moyenne...
mais progressivement,
sa passion s'accroît
jusqu'à ce qu'elle
perde la conscience
de son corps.

des êtres d'un même genre, aspirant au même aboutissement, pourquoi auraient-ils des fonctions différentes ?»

Vatsyayana l'explique par le fait que le fonctionnement, ainsi que la conscience du plaisir chez l'homme et chez la femme sont différents. Le mécanisme selon lequel l'homme est actif et la femme passive, découle de la nature propre au mâle et à la femelle ; s'il en était autrement, la personne active serait quelquefois passive, et vice versa. De cette différence de comportement découle une autre conscience du plaisir, car l'homme se dit : « Cette femme est unie à moi », et la femme se dit : « Je suis unie à cet homme. »

> « Étant de même nature, les hommes et les femmes éprouvent le même genre de plaisir. »

Si l'homme et la femme fonctionnent différemment, le plaisir qui découle de ce fonctionnement est-il également différent ?

Cette objection n'a pas de raison d'être. C'est en raison de leur différente manière de fonctionner qu'il existe une différence entre la personne active et celle qui ne l'est pas ; mais il n'y a aucune différence dans leur manière d'éprouver le plaisir, car leur plaisir à tous deux dérive naturellement de l'acte qu'ils accomplissent.[2]

On peut rétorquer à ceci que lorsque différentes personnes sont engagées dans le même acte, elles concourent aux mêmes buts ; alors que le contraire se passe pour l'homme et la femme. Chacun aspire à atteindre son but individuellement, et ceci est incohérent. Mais c'est une erreur,

[2] Il s'agit là d'une longue dissertation souvent abordée par les auteurs sanscrits, que ce soit dans leurs écrits ou au cours de conversations. Ils font d'abord une proposition, suivent ensuite les arguments pour ou contre. L'auteur veut expliquer que l'homme aussi bien que la femme prennent du plaisir dans l'acte charnel. La manière d'y parvenir est à chaque fois différente. Chaque individu fonctionne de manière autonome, indépendamment de son partenaire mais ayant conscience du plaisir que produit l'action. La différence réside dans la manière de fonctionner de chacun et la conscience du plaisir. Cependant, le plaisir en soi n'est pas différent, chacun le ressentant de manière plus ou moins intense.

Les Différentes Sortes d'Accouplement Selon les Mensurations, l'Ardeur du Désir et la Durée

car il arrive que deux choses se produisent simultanément, comme deux béliers qui se battent et reçoivent un coup sur la tête en même temps. Ou lorsque deux boules s'entrechoquent, ou deux lutteurs qui mènent un combat. Si l'on dit que dans ces cas, les éléments employés sont de même nature, on répondra que même dans le cas de l'homme et de la femme, la nature des deux personnes est la même. Et comme la différence de leur fonctionnement n'est due qu'à la différence de leur conformation, il s'ensuit que l'homme éprouve le même plaisir que la femme. Il y a un poème à ce sujet :

« Hommes et femmes étant de même nature, ils éprouvent le même genre de plaisir, et c'est pourquoi un homme devrait épouser la femme qui l'aimera toujours. »

Étant établi que le plaisir de l'homme et de la femme sont de nature similaire, il s'ensuit que si l'on considère la durée, il y a neuf sortes de rapports sexuels, de même qu'il y a neuf sortes de rapports sexuels si l'on considère l'ardeur de la passion.

Il y a donc neuf espèces d'unions si l'on considère les mensurations, l'ardeur de la passion et la durée. Si l'on combine toutes ces variantes, on arrive à une quantité innombrable de possibilités. Il en découle qu'à chaque variante appartient une union sexuelle adéquate que l'homme s'emploiera à mettre en œuvre.

Lors de la première union, la passion de l'homme est intense et fugace. Mais lors des unions qui se succèderont le même jour, c'est le contraire qui se produira. Il en est autrement pour la

femme, car sa passion est faible de prime abord, et elle aura besoin d'un temps considérable. Mais lors des unions qui suivront le même jour, sa passion s'intensifiera et elle aura besoin de peu de temps pour la satisfaire.

Les différentes Sortes d'Amour

Les hommes qui connaissent la nature humaine sont d'avis qu'il existe quatre sortes d'amour :

1   L'amour acquis par habitude

2   L'amour induit par l'imagination

3   L'amour qui résulte de la fidélité

4   L'amour qui résulte de la perception d'objets extérieurs

1 L'amour résultant de l'habitude est nommé amour découlant de la pratique constante. Ainsi, l'amour de la relation sexuelle, l'amour de la chasse, l'amour de la boisson, l'amour du jeu, etc.

2 L'amour suscité par ces choses qui nous sont étrangères, et qui ne découle que de nos idées, est appelé amour induit par l'imagination. Ainsi, cette sorte d'amour qu'hommes, femmes et eunuques éprouvent pour l'Auparishtaka, ou « caresses buccales », et ce qu'ils éprouvent par les baisers, les étreintes et ainsi de suite.

L'amour résultant de la fidélité est un amour mutuel, réciproque et sincère.

Les Différentes Sortes d'Accouplement Selon les Mensurations, l'Ardeur du Désir et la Durée

3 L'amour est réciproque et sincère, lorsque les protagonistes se révèlent l'un l'autre ; tel est l'amour qui résulte de la fidélité, ainsi que le nomment les érudits.

4 L'amour qui résulte de la perception d'objets externes est évident et bien connu du monde ; les plaisirs qu'il procure sont supérieurs à tous les autres plaisirs car il n'existe que pour lui-même.

Ce qui a été développé dans ce chapitre au sujet de l'union sexuelle est suffisant à l'érudit ; cependant pour instruire l'ignorant, on traitera de ce sujet plus longuement et en détail.

LES ÉTREINTES

ette section du *Kama shastra* qui traite de l'union sexuelle est aussi appelée « Soixante-quatre » (Chatushshashti). Les anciens prétendent qu'elle se nomme ainsi car elle contiendrait soixante-quatre chapitres. D'autres disent que c'est en raison de son auteur qui se nommait Panchala ; il portait le même nom que Panchala, récitateur du chapitre « Dashtapa » du Rigveda, qui se composait de soixante-quatre vers également. Les disciples de Badhravya relèvent, d'autre part, que cette partie contient huit sujets : l'étreinte, le baiser, les coups

Les Étreintes

d'ongle ou de doigts, la morsure, les positions, les cris divers, le jeu du rôle de l'homme, et l'Auraparishataka, ou jeu buccal. Chacun de ces sujets étant de huit sortes, et comme huit fois huit font soixante-quatre, cette partie est donc appelée « Soixante-quatre ». Mais Vatsyayana affirme que cette partie contient aussi d'autres sujets, comme les coups, les cris, l'action de l'homme au cours de la rencontre, les diverses sortes de rencontres, et autres, le nom de « Soixante-quatre » lui aurait été donné par hasard. Comme, par exemple, lorsque nous appelons cet arbre « Saptaparna », ou sept feuilles ; cette offrande de riz « Panchavarna », ou cinq couleurs,

Cette section du *Kama shastra*, qui traite de l'union sexuelle, est aussi appelée « Soixante-quatre » (Chatushshashti).

Lorsque
deux amants...
frottent leur corps
l'un contre l'autre,
ceci est appelé
« l'étreinte
frottante ».

alors que l'arbre en question n'a pas sept feuilles, ni le riz cinq couleurs.

Venons-en maintenant à la partie « Soixante-quatre » ; l'étreinte est le premier sujet que nous traiterons.

L'étreinte, image de l'amour de l'homme et de la femme qui se rencontrent, est de quatre sortes :

Touchante

Perçante

Frottante

Pressante

Dans chaque cas, l'action est caractérisée par le mot employé.

1 Quand l'homme, sous un prétexte quelconque, se porte au-devant de la femme ou à côté d'elle et que son corps touche le sien, c'est « l'étreinte touchante ».

2 Lorsque dans un endroit isolé, la femme se penche en avant, comme pour ramasser quelque chose, et touche avec ses seins l'homme assis ou debout, et qu'alors il s'en empare, ceci est appelé « l'étreinte perçante ».

> L'étreinte, image de l'amour de l'homme et de la femme,... est de quatre sortes.

Ces deux approches n'ont lieu qu'entre personnes qui ne se parlent pas encore librement.

3 Lorsque deux amants se promènent à leur aise, ensemble, dans le noir, dans un lieu fréquenté ou isolé, et qu'ils

frottent leur corps l'un contre l'autre, ils procèdent à « l'étreinte frottante ».

4   Lorsqu'en pareille occasion, l'un d'eux accule le corps de l'autre contre un mur ou un pilier, ceci est « l'étreinte pressante ».

Ces deux dernières étreintes sont propres à ceux qui connaissent leurs intentions mutuelles.

Au moment de la rencontre, il sera fait usage de ces quatre étreintes :

Jataveshtitaka, ou l'enroulement de la liane.

Vriskshadhirudhaka, ou la montée à l'arbre.

Tila-Tandulaka, ou le mélange de graines de sésame avec le riz.

Kshiraniraka, ou l'étreinte de l'eau et du lait.

1   Lorsqu'une femme s'accole à l'homme comme la liane s'enroule autour de l'arbre, attire sa tête vers elle et exprime son désir de l'embrasser en faisant entendre un léger *Sut*, *Sut*, puis l'étreint et le regarde amoureusement, elle procède à l'étreinte dite de « l'enroulement de la liane ».

2   Lorsqu'une femme pose un pied sur le pied de son amant et l'autre sur l'une de ses cuisses, passe un de ses bras autour de son dos et l'autre sur ses épaules, émet un léger roucoulement, et fait mine de monter vers lui pour

Les amants sont couchés sur un lit et s'étreignent. Ils procèdent à l'étreinte « du mélange des graines de sésame avec le riz ».

Les Étreintes

obtenir un baiser, elle procède à l'étreinte dite de « la montée à l'arbre ».

Ces deux étreintes ont lieu en station debout.

3   Les amants sont couchés sur un lit et s'étreignent si étroitement que les bras et les cuisses de l'un sont enlacés par les bras et les cuisses de l'autre. Il s'engage une sorte de frottement réciproque, qu'on appelle l'étreinte « du mélange des graines de sésame avec le riz ».

4   L'homme et la femme sont très amoureux. Sans craindre de faux mouvements, ils s'étreignent comme s'ils voulaient s'interpénétrer ; la femme est assise sur les genoux de l'homme, face à lui, ou bien sur un lit ; ils sont

engagés dans l'étreinte dite « de l'eau et du lait ».

Ces deux étreintes sont un prélude à l'union sexuelle.

Ce sont là les huit sortes d'étreintes que Babhravya nous a décrites.

Suvarnanabha y ajoute quatre étreintes qui concernent les différents membres du corps. Ce sont :

L'étreinte des cuisses

L'étreinte du *jaghana*,
qui désigne la partie du corps
allant du nombril aux cuisses

L'étreinte des seins

L'étreinte du front

L'homme et la femme
sont très amoureux...
ils s'étreignent
comme s'ils voulaient
s'interpénétrer ;
la femme est assise
sur les genoux
de l'homme, face à lui,
ou bien sur un lit ;
ils sont engagés
dans l'étreinte dite
« de l'eau et du lait ».

90

1   Lorsque l'un des amants presse fortement la ou les cuisses de son partenaire entre les siennes, il procède à « l'étreinte des cuisses ».

2   Lorsque l'homme presse le *jaghana* de la femme contre le sien, et se met sur elle soit pour la griffer, l'égratigner, soit pour la mordre, la frapper ou l'embrasser, les cheveux de la femme étant dénoués et flottants, il accomplit « l'étreinte du *jaghana* ».

3   Lorsque l'homme plaque sa poitrine entre les seins de la femme, en la pressant fortement, il exécute « l'étreinte des seins ».

4   Lorsque l'un des amants applique sa bouche, ses yeux et son front sur la bouche, les yeux et le front de son partenaire, il réalise « l'étreinte du front ».

D'aucuns disent que le massage corporel est une sorte d'étreinte, puisque les deux corps se touchent. Mais Vatsyayana est d'avis que le massage peut se faire à d'autres moments et dans un autre but. N'étant pas de même caractère qu'une étreinte, on ne peut le considérer comme telle. Il existe un poème à ce sujet :

« L'étreinte est d'une nature telle, que l'homme qui pose des questions à ce sujet ou qui en entend parler, ou qui en parle, ressent au même moment un désir de jouissance. Toutes les étreintes, même celles qui ne sont pas mentionnées dans le *Kama shastra*, peuvent être pratiquées au moment de la jouissance sexuelle pour autant

> « L'étreinte est d'une nature telle, que l'homme qui en entend parler, ressent au même moment un désir de jouissance. »

qu'elles soient favorables à un intensi-
fication de l'amour ou de la passion.
Les règles du *Shastra* s'appliquent
lorsque la passion de l'homme en est
à ses débuts, mais une fois la roue
de l'amour actionnée, alors il n'y a plus
ni *Shastra*, ni règles. »

Les Étreintes

Le Baiser

n dit qu'il n'existe pas d'ordre établi pour l'étreinte, le baiser, les pressions et frictions avec les doigts, les griffures, mais que toutes ces choses se font avant l'accomplissement de l'union sexuelle ; alors que frapper ou émettre des sons divers et variés se fait au moment de l'union. Cependant, Vatsyayana croit que tout peut se faire à n'importe quel moment, car l'amour ne tient compte ni du temps, ni d'un ordre quelconque de succession. La première fois, on embrassera et on effectuera tous les gestes mentionnés

ci-dessus avec mesure ; on ne prolongera pas les actes ; on veillera à passer de l'un à l'autre rapidement. Par la suite, on pourra faire tout le contraire de ce qui vient d'être dit ici et la modération ne sera plus de mise. Chaque action prendra son temps et, si l'amour est ardent, plusieurs actions pourront être entreprises à la fois.

On peut embrasser les zones suivantes : le front, les yeux, les joues, la gorge, la poitrine, les seins, les lèvres et l'intérieur de la bouche. En outre, les gens de Lat embrassent aussi les jointures des cuisses, les bras et le nombril. Mais Vatsyayana est d'avis que même si ces gens s'adonnent à de telles pratiques à cause de l'intensité de leur amour et des habitudes de leur pays, celles-ci ne sont pas bonnes pour tout le monde.

Tout d'abord, pour une jeune fille, il y a trois sortes de baisers :

Le baiser symbolique

Le baiser palpitant

Le baiser sensuel

Lorsqu'une jeune fille touche la bouche de son amant avec la sienne, sans rien faire d'autre, elle lui donne un « baiser symbolique ».

Lorsque les lèvres de deux amants se rencontrent, ils se donnent un « baiser frontal ».

Lorsqu'une jeune fille, surmontant quelque peu sa timidité, désire toucher la lèvre pressée sur sa bouche et pour ce faire, remue seulement sa lèvre inférieure, ceci s'appelle le « baiser palpitant ».

Lorsqu'une jeune fille touche les lèvres de son

amant avec sa langue et les yeux fermés, met ses mains dans celles de son amant, elle procède au « baiser sensuel ».

Certains auteurs décrivent quatre autres genres de baisers :

Le baiser frontal

Le baiser incliné

Le baiser orienté

Le baiser comprimé

1 Lorsque les lèvres de deux amants se rencontrent, ils se donnent un « baiser frontal ».

2 Lorsque deux amants s'embrassent tête penchée, ceci est un « baiser incliné ».

3 Lorsque l'un des amants tourne vers lui le visage de l'autre en lui tenant la

tête et le menton pour l'embrasser, il lui dépose un « baiser orienté ».

4 Enfin, lorsque la lèvre inférieure est pressée avec force, ceci est un « baiser comprimé ».

Il existe une cinquième sorte de baiser : « le baiser fortement comprimé ». On l'effectue en s'emparant entre deux doigts, de la lèvre inférieure que l'on touche ensuite avec la langue avant de la comprimer avec la lèvre.

Eu égard au baiser, on peut parier sur qui sera le plus rapide à s'emparer des lèvres de l'autre. Si la femme perd, elle fera semblant de pleurer, éloignera son amant en agitant les mains, se détournera de lui et le grondera en disant : « Parions autre chose ». Si elle perd une seconde fois, elle fera mine d'être doublement affligée ; lorsque l'attention de son amant se relâchera ou qu'il s'endormira, elle s'emparera de sa lèvre inférieure, la maintiendra de force avec les dents pour l'empêcher de s'échapper ; puis elle éclatera de rire, fera grand bruit, se moquera de lui, sautillera, plaisantera sur tout en remuant les sourcils et en roulant les yeux. Tels sont les paris et querelles à propos du baiser, mais ils peuvent aussi s'appliquer à la pression et aux griffures, aux morsures et aux tapes. Cependant, toutes ces choses sont réservées aux hommes et aux femmes mus par une grande passion.

Lorsqu'un homme embrasse la lèvre supérieure d'une femme et qu'en retour elle embrasse sa

Eu égard au baiser, on peut parier sur qui sera le plus rapide à s'emparer des lèvres de l'autre.

Le Baiser

lèvre inférieure, ceci est le « baiser de la lèvre supérieure ».

Lorsque l'un des deux amants prend les deux lèvres de l'autre entre les siennes, ceci est le « baiser de la préhension ». Une femme ne peut le faire qu'avec un homme qui n'a pas de moustache. Et si, au cours de ce baiser, l'un des deux touche les dents, la langue ou le palais de l'autre avec sa langue, on appelle cela « jouter avec la langue ». De même, un des amants peut presser ses dents sur la bouche de l'autre.

Le baiser peut être de quatre sortes : modéré, contracté, pressé et léger, selon les parties du corps que l'on embrasse, car à chaque partie du corps correspond une sorte de baiser.

Lorsqu'une femme contemple le visage de son amant endormi et l'embrasse pour lui communiquer son désir, ceci est un « baiser qui suscite l'amour ».

Quand un homme vaque à d'autres occupations, se dispute avec la femme ou porte son regard ailleurs, elle l'embrassera afin de détourner son attention. C'est le « baiser pour distraire ».

Lorsqu'un amant rentre tard le soir et baise sa bien-aimée endormie pour lui manifester son désir, ceci est un « baiser qui réveille ». Au retour de son amant, la femme pourra alors feindre de dormir ; ainsi elle connaîtra ses intentions et obtiendra qu'il l'honore.

Lorsque l'un des amants baise le reflet de l'être aimé dans un miroir, dans

Lorsqu'un amant
rentre tard le soir
et baise sa bien-aimée
endormie pour
lui manifester
son désir, ceci est
un « baiser
qui réveille ».

104

l'eau ou sur une paroi vitrée, ceci est le « baiser de la déclaration ».

Lorsqu'une personne embrasse un enfant assis sur ses genoux, une image ou encore un portrait, en présence de l'être aimé, ceci est un « baiser reporté ».

> « Quoi que fasse l'un des amants à l'autre, la même chose lui sera faite en retour. »

Lorsque le soir, au théâtre ou dans une assemblée de caste, un homme rencontre une femme et lui baise le doigt de sa main si elle est debout, ou l'orteil de son pied si elle est assise, ou lorsqu'une femme masse son amant et pose son visage sur sa cuisse (comme si elle dormait) afin d'enflammer sa passion, lui baise les cuisses ou son gros orteil, ceci est un « baiser expansif ».

Voici un poème qui traite de ce sujet :

« Quoi que fasse l'un des amants à l'autre, la même chose lui sera faite en retour ; que la femme l'embrasse, il l'embrassera de même ; qu'elle le frappe, il devra aussi la frapper en retour. »

Le Baiser

Les Griffures ou les Marques faites Avec les Ongles

orsque l'amour s'intensifie, on peut enfoncer les ongles dans la peau ou la griffer, et se comporter ainsi aux occasions suivantes : au cours de la première rencontre ; au départ d'un voyage ; au retour d'un voyage ; lors d'une réconciliation ; et finalement, lorsque la femme est dans un état d'ivresse quelconque.

Mais enfoncer les ongles et mordre ne sont pas des attitudes courantes, sauf pour ceux qui sont en proie à une passion intense.

Les Griffures ou les Marques faites Avec les Ongles

On peut enfoncer les ongles de huit
manières différentes ; il en résultera
autant de marques distinctes :

1 Sonore

2 Une demi-lune

3 Un cercle

4 Une ligne

5 Une griffe ou patte de tigre

6 Une patte de paon

7 Un saut de lièvre

8 Une feuille de lotus bleu

On peut enfoncer les ongles au creux
de l'aisselle, sur la gorge, les seins,
les lèvres, le *jaghana* ou giron, et sur
les cuisses.

Mais selon Suvarnanabha, peu importe l'endroit, quand l'excitation est très forte.

De beaux ongles sont clairs, bien implantés, propres, entiers, doux et brillants en apparence. Selon la taille, les ongles sont de trois sortes :

Petits

Moyens

Grands

Les ongles des Bengalais sont larges et leur donnent de belles mains, ce qui séduit les femmes.

Les gens des provinces méridionales ont de petits ongles qui peuvent servir de diverses manières, mais toujours pour donner du plaisir.

Les gens de Maharashtra ont des ongles moyens qui possèdent les caractéristiques des deux catégories décrites ci-dessus.

1 Lorsqu'un homme touche le menton, les seins, la lèvre inférieure ou le *jaghana* de sa maîtresse, si délicatement que les ongles ne laissent ni griffure ni marque, mais que les poils du corps se hérissent à leur contact, et que les ongles eux-mêmes produisent un son, on appelle cela « l'émission sonore ou l'effleurement des ongles ».
L'amant d'une jeune fille, procède ainsi en la massant et en lui grattant la tête lorsqu'il veut la troubler ou l'effaroucher.

2 Les marques incurvées des ongles enfoncés dans le cou et sur les seins sont des « demi-lunes ».

3   Deux demi-lunes imprimées à l'opposé l'une de l'autre, dessinent un « cercle ». Cette marque est généralement faite sur le nombril, les petits creux autour des fesses, et sur les articulations de l'aine.

4   Une marque en forme de ligne, qui peut être esquissée sur n'importe quelle partie du corps, est une « ligne ».

5   La même ligne, mais incurvée et faite sur la poitrine est une « griffe de tigre ».

6   Une marque incurvée, faite sur les seins avec les cinq ongles, est une « patte de paon ».

7   Cinq marques d'ongles contiguës imprimées près du téton sont « le saut du lièvre ».

8 Une marque en forme de feuille de lotus bleu, faite sur la poitrine ou sur les hanches, est appelée la « feuille de lotus bleu ».

La marque qu'une personne sur le point de partir en voyage dessine sur les cuisses de son amant ou bien sur sa poitrine, est généralement appelée « gage de souvenir ». À cette occasion, trois ou quatre lignes contiguës sont faites avec les ongles.

Ici s'achève le discours sur les marques d'ongles. D'autres sortes de marques que celles décrites ci-dessus peuvent aussi être faites avec les ongles, car d'anciens auteurs affirment qu'il y a de très nombreuses manières de les réaliser, aussi nombreuses que les hommes qui savent appliquer la pratique de cet art connu de tous.

Les Griffures ou les Marques faites Avec les Ongles

خلوت دانیال ولد اكبر بادشاه
عمل تارا

Une marque
en forme de feuille
de lotus bleu, faite
sur la poitrine
ou sur les hanches,
est appelée la
« feuille de lotus bleu ».

Dessiner des marques à l'aide de ses ongles est affaire d'amour, c'est pourquoi personne ne peut prétendre répertorier toutes les marques existantes. Comme l'affirme Vatsyayana, la diversité étant nécessaire à l'amour, il faut l'entretenir avec des moyens variés. C'est pour cette raison que les courtisanes qui possèdent une pléthore d'approches et de techniques, sont aussi désirables ; car si la variété est recherchée dans nombre d'arts et d'amusements, elle est encore plus précieuse dans l'art de l'amour.

Les marques avec les ongles ne doivent pas être faites sur les femmes mariées, même si certaines marques peuvent toutefois être permises sur les parties intimes de leur corps, en souvenir et pour faire grandir l'amour.

Les Griffures ou les Marques faites Avec les Ongles

Voici un poème à ce sujet :

« Une femme qui contemple les marques d'ongles sur les parties intimes de son corps, même lorsqu'elles sont anciennes et presque effacées, sent son amour se raviver, se renouveler. Cet amour s'étiolera, faute de marques pour rappeler son passage. C'est le cas lorsqu'il n'y a pas eu d'union depuis longtemps. »

L'étranger qui surprend, même de loin, une jeune femme arborant des marques d'ongles sur sa poitrine[1] se sent rempli d'amour et de respect pour elle.

De même, l'esprit d'une femme, aussi réfléchi soit-il, sera ébranlé à la vue d'un homme qui porte des marques d'ongles et de dents sur certaines parties de son corps. En résumé, rien n'accroît autant l'amour que les effets produits par les marques que laissent ongles et dents.

1 Il découle de cette remarque que, dans les temps anciens, la poitrine des femmes n'était pas couverte. On peut le constater du reste, sur les peintures d'Ajanta et dans d'autres grottes où même les poitrines de dames royales étaient dénudées.

« Une femme
qui contemple
les marques d'ongles
sur les parties intimes
de son corps...
sent son amour
se raviver,
se renouveler. »

Les Morsures et les Moyens à Employer Avec les Femmes de Différentes Origines

outes les zones qui sont embrassées peuvent aussi être mordues, à l'exception de la lèvre supérieure, de l'intérieur de la bouche et des yeux.

De bonnes dents doivent être régulières, agréablement brillantes, susceptibles d'être colorées, bien proportionnées, intactes et nettes aux extrémités.

De mauvaises dents, par contre, apparaissent ébréchées, déchaussées, molles, grandes et mal implantées.

Les Morsures et les Moyens à Employer
Avec les Femmes de Différentes Origines

Voici les différentes sortes de morsures :

La morsure déguisée

La morsure gonflée

Le point

La rangée de points

Le corail et le joyau

La rangée de joyaux

Le nuage crénelé

La morsure du sanglier

Toutes les zones embrassées peuvent aussi être mordues à l'exception de la lèvre supérieure de l'intérieur de la bouche et des yeux

I La morsure qu'on ne remarque qu'à travers une rougeur excessive de la peau, est « la morsure déguisée ».

2   Lorsque la peau apparaît pressée des deux côtés, il s'agit de « la morsure gonflée ».

3   Lorsqu'une bande de peau a été pincée avec deux dents seulement, c'est « le point ».

4   Quand une bande de peau a été pincée avec toutes les dents, il en résulte une « rangée de points ».

5   La morsure effectuée dents et lèvres serrées est « le corail et le joyau ». Les lèvres sont le corail et les dents sont le joyau.

6   Quand la morsure a été effectuée avec toutes les dents, elle laisse une « rangée de joyaux ».

7   La morsure faite de saillies inégales en cercles et résultant de l'espace entre les

dents, est appelée « le nuage crénelé ».
On l'imprime sur les seins.

8 La morsure faite de larges rangées de
marques serrées, à intervalles rouges,
est « la morsure du sanglier ». On
l'imprime sur les seins et les épaules.
Ces deux dernières sortes
de morsures sont réser-
vées aux amants très
passionnés.

« La morsure déguisée »,
« la morsure gonflée »,
et « le point » se font
sur la lèvre inférieure ;
« la morsure gonflée » et
« le corail et le joyau »
s'impriment sur les joues.
Embrasser, enfoncer les ongles et
mordre sont les ornements de la joue
gauche ; ici le mot « joue » désigne
toujours la joue gauche.

> Quand une bande
> de peau a été pincée
> avec toutes les dents,
> il en résulte une
> « rangée de points ».

Les Morsures et les Moyens à Employer
Avec les Femmes de Différentes Origines

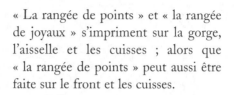

« La rangée de points » et « la rangée de joyaux » s'impriment sur la gorge, l'aisselle et les cuisses ; alors que « la rangée de points » peut aussi être faite sur le front et les cuisses.

Les marques des ongles, les morsures faites sur un objet appartenant à la bien-aimée, comme un ornement pour le front ou l'oreille, un bouquet de fleurs, une feuille de bétel ou de tamala, sont autant de signes qui indiquent le désir que l'on éprouve pour elle.

Ainsi s'achève le discours sur les différents types de morsures.

En matière d'amour, l'homme doit s'employer à faire ce qui est agréable aux femmes selon leurs diverses origines.

Les femmes des contrées centrales (entre le Gange et le Jumna) sont de caractère noble. Elles ne connaissent pas de pratiques honteuses et n'aiment ni les marques d'ongles ni les morsures.

Les femmes de la région de Balhika aiment qu'on les frappe.

Les femmes d'Avantiki apprécient les plaisirs grossiers, et n'ont pas de bonnes manières.

Les femmes de Maharashtra aiment pratiquer les soixante-quatre disciplines ; elles profèrent des mots grossiers et durs et aiment qu'on leur parle de même. Elles ont un désir impétueux de jouissance.

Les femmes de Pataliputra (la Patna moderne) sont de même tempérament

Les Morsures et les Moyens à Employer
Avec les Femmes de Différentes Origines

que les femmes de Maharashtra, mais ne dévoilent leurs préférences que dans l'intimité.

Les femmes des régions dravidiennes, aussi bien caressées et entreprises soient-elles au moment du plaisir sexuel, ont une émission de semence très lente ; elles sont donc très lentes lors de l'union.

> En matière d'amour, l'homme doit s'employer à faire ce qui est agréable aux femmes selon leurs diverses origines.

Les femmes de Vanavasi sont modérément passionnées ; elles goûtent à tous les plaisirs, se couvrent le corps et reprennent ceux qui profèrent des mots grossiers, vicieux et durs.

Les femmes de Malwa aiment étreindre et embrasser, mais détestent porter des coups. Elles apprécient par contre, qu'on les frappe.

Les femmes d'Abhira, et celles des régions qui se situent entre l'Indus et les cinq rivières (le Punjab), aiment l'Auparishtaka, ou « caresse avec la bouche ».

Les femmes d'Aparatika sont très passionnées et poussent doucement le cri *Sit*.

Les femmes de Lat ont des désirs encore plus impétueux et émettent également le *Sit*.

Les femmes du Stri Rajya et de Koshala (Oudh) manifestent d'impétueux désirs. Leur semence est produite en grande quantité. Elles aiment en stimuler la production avec quelque drogue.

Les Morsures et les Moyens à Employer
Avec les Femmes de Différentes Origines

Les femmes de la région d'Andhra ont des corps délicats. Elles aiment le plaisir et sont particulièrement sensibles à la volupté.

Les femmes de Gandak ont des corps délicats et parlent agréablement.

Sur ce point, Suvarnanabha est d'avis que ce qui est agréable au tempérament personnel est plus important que ce qui est agréable à toute une nation. C'est pourquoi on ne devrait pas tenir compte des particularités d'une nation dans ces cas-là. Les plaisirs variés, l'habit, et les divertissements propres à une région finissent par être adoptés par une autre région, et en pareil cas, ils devront être considérés comme étant originaires de ce pays.

Au nombre des choses qui ont été mentionnées plus haut, l'enlacement,

Au nombre des choses qui ont été mentionnées plus haut, l'enlacement, le baiser et les autres pratiques qui excitent la passion, sont les premiers moyens à mettre en œuvre.

le baiser et les autres pratiques qui excitent la passion, doivent être les premiers moyens à mettre en œuvre ; ceux qui ne servent que le divertissement ou la variété sont secondaires.

Voici un poème à ce sujet :

« Lorsqu'un homme mord une femme avec force, celle-ci, en colère, devra lui rendre la morsure, doublement. Ainsi, à un « point » répondra une « rangée de points », et à une « rangée de points », il sera répondu par un « nuage brisé ». Et si elle est très irritée, elle devra entamer une querelle sur-le-champ. C'est alors qu'elle attrapera son amant par les cheveux, inclinera sa tête et embrassera sa lèvre inférieure, puis, rendue folle d'amour, elle le mordra partout, les yeux clos. Fût-ce pendant la journée et en public, si son amant lui montre les marques qu'elle lui a infligées, elle sourira à leur vue. Elle feindra de le gronder en lui montrant, l'air courroucé, les marques que lui-même a laissées sur son propre corps. Ainsi donc, si hommes et femmes agissent selon leurs préférences, l'amour qu'ils se portent mutuellement ne connaîtra jamais de relâche, même en cent ans. »

Les Morsures et les Moyens à Employer
Avec les Femmes de Différentes Origines

Les Diverses Positions et les Différentes Sortes d'Unions

ors d'une « union haute », la femme Mrigi (biche) doit se coucher de sorte à ouvrir son yoni, alors que dans une « union basse », la femme Hastini (éléphante) s'étendra en le contractant. Mais dans une « union conforme », elle se mettra en position naturelle. Ce qui est dit pour les femmes Mrigi et les Hastini s'applique aussi à la femme Vadawa (jument). Dans le cas d'une « union basse », il est bon que la femme fasse usage de drogues afin de parvenir à satisfaire son désir rapidement.

Les Diverses Positions et les Différentes Sortes d'Unions

La femme biche peut se coucher en adoptant les trois postures suivantes :

La posture épanouie
La posture béante
La posture de l'épouse d'Indra

Lorsqu'elle abaisse la tête et soulève le tronc, c'est « la posture épanouie ». À ce stade, l'homme devra appliquer un onguent pour faciliter la pénétration.

Lorsqu'elle soulève les cuisses et les tient bien écartées, puis engage l'action, c'est « la posture béante ».

Lorsqu'elle croise les pieds sur les cuisses et les tient ainsi de chaque côté, puis engage l'action, elle adopte la « posture d'Indrani ». Cette position requiert une certaine pratique et convient aussi dans le cas d'une très haute union.

Lorsqu'elle soulève les cuisses et les tient bien écartées, puis engage l'action, c'est « la posture béante ».

Il existe également, dans le cas d'une basse union ou d'une très basse union avec des femmes éléphantes où le plaisir est moindre, des positions appelées : « l'écrin à bijoux », « la position pressante », « la posture enroulée » et « la posture de la jument ».

Lorsque les jambes de l'homme et de la femme sont étirées l'une contre l'autre, cette position s'appelle « l'écrin à bijoux ». Elle est de deux sortes, la position de côté et la position renversée sur le dos, selon la manière dont se couche. En position latérale, l'homme devra toujours se coucher sur le côté gauche de sorte que la femme se retrouve sur le côté droit. Cette règle vaut pour toutes les femmes avec lesquelles on a commerce.

Lorsque l'action a commencé dans la position de « l'écrin à bijoux » et que, par la suite, la femme serre son amant entre ses cuisses, ceci est appelé « la position pressante ».

Lorsque la femme place une cuisse en travers de la cuisse de son amant, elle adopte « la posture enroulée ».

Lorsque la femme maintient fermement le lingam dans son yoni après la pénétration, ceci est la « posture de la jument ». Ce n'est qu'avec l'expérience que l'on acquiert cette position, qui est surtout connue chez les femmes de l'Andra.

On vient d'évoquer les différentes manières de se positionner d'après Babhravya. Cependant, Suvarnanabha y ajoute ceci :

Lorsque la femme lève ses cuisses toutes droites, c'est « la position levée ». Lorsqu'elle lève les deux jambes et les

Les Diverses Positions et les Différentes Sortes d'Unions

place sur les épaules de son amant, c'est « la grande ouverture ».

Lorsque son amant lui maintient les jambes pliées sur la poitrine, c'est « la posture écrasée ».

Lorsqu'une seule jambe de la femme est tenue droite, ceci est « la position semi-écrasée ».

Lorsque la femme place une jambe sur l'épaule de l'homme, et tient l'autre toute droite, puis la place sur l'épaule de son amant, et déplie la première jambe, et ainsi de suite alternativement, cet exercice s'appelle « la fente du bambou ».

Lorsqu'une jambe de la femme est placée sur sa tête et l'autre se trouve en extension, on appelle cette position « la pose du clou ». On n'acquiert cette position qu'avec l'expérience.

Lorsque les deux jambes de la femme sont repliées et placées sur son ventre, elle exécute « la posture du crabe ».

Lorsque les deux jambes de la femme sont repliées et placées sur son ventre, elle exécute « la posture du crabe ».

Lorsque les cuisses sont levées et croisées l'une sur l'autre, ceci est « la posture ficelée ».

Lorsque les jambes sont croisées, elles sont en « position du lotus ».

Lorsque l'homme, au cours de l'action, tourne autour de la femme, continue à en jouir tout en se maintenant en elle et qu'elle ne cesse de l'enlacer, c'est « la posture pivotante » qui ne s'apprend que par la pratique.

Ainsi donc, selon Suvarnanabha, ces différentes manières de se coucher, de s'asseoir et de se tenir debout sont plus aisées lorsqu'elles sont pratiquées dans l'eau. Mais Vatsyayana est d'avis que l'union dans l'eau est impropre car elle est prohibée par la loi religieuse.

Lorsqu'un homme et une femme s'appuient l'un sur l'autre, contre une paroi ou un pilier, et qu'ainsi ils engagent l'union, cela s'appelle « l'union soutenue ».

Lorsque l'homme s'appuie contre une paroi et que la femme, assise sur ses mains jointes, le tient par la nuque, enserre sa taille avec ses cuisses et imprime un mouvement à l'aide de ses pieds placés contre la paroi sur laquelle s'est appuyé l'homme, ils forment « l'union suspendue ».

Lorsqu'une femme se tient à quatre pattes comme un quadrupède et que son amant la monte comme un taureau, ils forment « l'union de la vache ». En pareil cas, tout ce qui se fait généralement de face peut aussi bien se faire de dos.

Les Diverses Positions et les Différentes Sortes d'Unions

De la même manière, on peut imiter l'accouplement du chien, de la chèvre, de la biche, la pénétration forcée de l'âne, l'accouplement voluptueux du chat, l'assaut du tigre, l'écrasement de l'éléphant, le frottement du sanglier, et la saillie du cheval. En choisissant ces diverses façons de s'accoupler, on peut imiter les comportements des animaux respectifs.

> « Une personne qui a de l'adresse saura multiplier les différentes sortes d'unions, en s'inspirant des animaux et des oiseaux. »

Lorsqu'un homme jouit de deux femmes simultanément et qu'il les aime avec la même intensité, il exécute une « union double ».

Lorsqu'un homme jouit de plusieurs femmes à la fois, cela s'appelle « l'union du troupeau de vaches ».

On peut effectuer, de la même façon, les accouplements suivants dans l'eau : l'accouplement d'un éléphant avec plusieurs éléphantes, l'accouplement d'un troupeau de chèvres, d'une harde de biches… toujours en imitant les animaux.

À Gramaneri, il arrive que plusieurs jeunes gens prennent leur plaisir avec une femme qui peut être l'épouse de l'un d'eux, soit l'un après l'autre, soit simultanément. Ainsi, un jeune homme tient la femme alors qu'un autre la pénètre, un troisième prend sa bouche, un quatrième la soutient par la taille, chacun jouissant à son tour de différentes parties.

Il en est de même lorsque plusieurs hommes ont commerce avec une courtisane ou lorsqu'une courtisane

Lorsqu'un homme
jouit de deux femmes
à la fois, cela
s'appelle une
« union double ».

se retrouve seule à satisfaire un grand nombre d'hommes. Il peut se produire la même chose avec les femmes du harem royal, lorsqu'elles s'emparent d'un homme de manière fortuite.

Les gens des provinces du Sud pratiquent aussi la sodomie que l'on appelle « l'union du bas ».

Voilà ce qu'il en est des diverses sortes d'unions. Il y a aussi deux versets à ce sujet :

« Une personne qui a de l'adresse saura multiplier les différentes sortes d'unions, en s'inspirant des animaux et des oiseaux. Car ces différentes attitudes, accomplies selon l'usage de chaque région et les préférences de chacun, font naître l'amour, l'amitié et le respect dans le cœur des femmes. »

Les Diverses Positions et les Différentes Sortes d'Unions

Les Diverses Manières de Frapper et les Cris Appropriés

u fait des contrariétés de l'amour qui finissent souvent par des disputes, on peut parfois comparer l'union sexuelle à une querelle. C'est sur le corps que sont portés les coups de la passion et, sur celui-ci, les endroits privilégiés sont :

Les épaules
La tête
Entre les seins
Le dos
Le *jaghana* ou giron
Les flancs

Il y a quatre manières de frapper :

Frapper avec le dos de la main
Frapper avec les doigts légèrement serrés

Les Diverses Manières de Frapper et les Cris Appropriés

Frapper avec le poing

Frapper avec la paume de la main ouverte

Les coups provoquant une certaine douleur, entraînent un chuintement modulé et huit espèces de cris qui sont :

Le son *Hin*

Le son tonnant

Le son roucoulant

Le son pleurant

Le son *Phut*

Le son *Phat*

Le son *Sut*

Le son *Plat*

Outre cela, on peut aussi exprimer des mots qui ont une signification précise, comme « maman », et ceux qui expriment l'interdiction, le désir de libération, la douleur ou la louange.

À ceux-là s'ajoutent des sons que l'on pousse aussi quelquefois et qui imitent le chant de la tourterelle, du coucou, du pigeon, du perroquet, de l'abeille, du moineau, du flamant, du canard et de la caille.

C'est sur le dos de la femme qu'il faut frapper avec le poing, alors qu'elle est assise sur les genoux de l'homme ; l'air fâché, elle rendra les coups à son amant en émettant un roucoulement et en pleurant. Pendant le rapport, l'espace compris entre les seins de la femme peut être frappé avec le revers de la main, d'abord lentement, puis plus rapidement à mesure qu'augmente l'excitation, jusqu'à la fin.

L'espace compris entre les seins de la femme peut être frappé avec le revers de la main.

À cet instant, on peut prononcer le son *Hin* ou d'autres, à la suite ou en alternance, selon ce que l'on préfère dans ce cas. Lorsque l'homme, tout en soufflant le son *Phat*, tapote avec les doigts légèrement serrés la tête de la femme ; on l'appelle Prasritaka, car il signifie frapper avec les doigts serrés en tampon. Les sons qui conviennent en pareille situation sont ceux qui imitent le roucoulement, le son *Phat* et le son *Phut* à l'intérieur de la bouche. À la fin du rapport, les soupirs et les pleurs sont de mise. Le son *Phat* évoque le son du bambou que l'on fend, alors que le son *Phut* évoque la chute d'un objet dans l'eau. Chaque fois

> Le son *Phat* évoque le son du bambou que l'on fend.

qu'on lui donnera un baiser, la femme devra répondre par le son du baiser. Une fois parvenue à l'excitation, la femme qui n'est pas habituée aux coups, prononce des mots pour signifier l'interdiction, l'excès ou le désir de se libérer, aussi bien que « papa », « maman », le tout mêlé de soupirs, de pleurs et de sons déchirants. Arrivés au terme du rapport, les seins, le *jaghana*, et les flancs de la femme seront pris avec force, les paumes ouvertes, jusqu'à la conclusion ; on poussera alors des cris comme ceux de la caille et de l'oie.

Voici deux strophes à ce sujet :

« La virilité se caractérise par la rudesse et l'impétuosité, alors que la faiblesse, la douceur, la sensibilité et la tendance à se détourner de ce qui est déplaisant, déterminent la féminité. L'excitation liée à la passion et les particularités de l'habitude peuvent quelquefois engendrer des résultats contraires, mais qui sont éphémères. À la fin, tout revient à l'état naturel.

En plus des quatre manières de frapper, on peut ajouter les pointes dans la poitrine, les ciseaux sur la tête, les instruments perçants sur les joues, les pinces sur les seins et les flancs, ce qui fait en tout huit manières. Mais ces quatre manières de frapper avec des instruments sont propres aux peuples des régions méridionales uniquement ; on peut d'ailleurs en voir les marques sur les seins de leurs femmes. Ce sont des bizarreries locales ; aux dires de Vatsyayana, ils ne méritent pas d'être utilisés car leur emploi est douloureux, cruel et méprisable.

Les Diverses Manières de Frapper et les Cris Appropriés

C'est ainsi que les particularités locales ne doivent pas nécessairement être reproduites ailleurs, et même là où elles sont en usage, il est toujours préférable de ne pas en abuser. Des exemples de leur dangerosité peuvent être ici cités. Le roi des Panchalas donna la mort à la courtisane Madhavasena en faisant usage de pointes lors d'un rapport. Le roi Satakarni Satavahana du Kuntala ôta la vie à la grande reine Malayavati avec une paire de ciseaux, et Naradeva, dont la main était déformée, rendit aveugle une jeune danseuse en laissant échapper un instrument tranchant.

Voici deux strophes à ce sujet :

« À propos de ces choses, on ne peut les énumérer ni en donner une règle absolue. Une fois l'union engagée, seule la passion inspire les actes des partenaires. »

Ces comportements passionnés, ces gestes d'amour qui surviennent sous l'effet de pulsions soudaines pendant le rapport sexuel ne peuvent être définis et sont aussi imprévisibles que les rêves. Une fois qu'il a atteint sa pleine vitesse, un cheval poursuit sa course aveuglément, sans voir les crevasses, les fossés et les poteaux plantés sur sa route ; de la même manière, un couple d'amoureux, aveuglé de passion au sommet de l'union, peut se laisser emporter par l'impétuosité, ignorant tous les écarts. Pour cette raison, une personne bien introduite dans les sciences de l'amour et qui connaît sa propre force, aussi bien que la tendresse, l'impétuosité et la force de la jeune

> « Une fois l'union engagée, seule la passion inspire les actes des partenaires. »

Les Diverses Manières de Frapper et les Cris Appropriés

Ces comportements
passionnés,
ces gestes d'amour
qui surviennent
sous l'effet
de pulsions soudaines
pendant le rapport
sexuel ne peuvent
être définis et sont
aussi imprévisibles
que les rêves.

femme, doit agir en conséquence. À chaque personne et à chaque moment, correspond un mode de jouissance qui ne devra être pratiqué qu'en heure et en lieux voulus.

Les Diverses Manières de Frapper et les Cris Appropriés

Les Femmes qui Jouent le Rôle de l'Homme.
L'Activité de l'Homme

uand une femme constate que son amant est affaibli par trop d'activité, sans qu'il ait pu encore assouvir son désir, elle peut, avec son autorisation, le renverser sur le dos et entreprendre de l'aider en jouant le rôle de l'homme. Elle peut aussi agir ainsi pour satisfaire la curiosité de son amant ou son propre désir de changement.

Il y a deux moyens pour y parvenir : le premier moyen consiste à se retourner pendant l'action et se placer sur son amant, sans interrompre le rapport, ni entraver le plaisir ; la deuxième

manière consiste à prendre la position de l'homme dès le début de l'action. Les cheveux dénoués et piqués de fleurs, souriante et haletante, elle appuiera sa poitrine contre celle de son amant. Puis baissant fréquemment la tête, elle agira à son instar, lui rendant coups et agaceries. Elle lui dira : « Vous m'avez renversée, vous m'avez achevée de plaisir ; à mon tour de vous renverser. » Elle jouera sa propre réticence, sa lassitude, et son désir de mettre fin au rapport. C'est ainsi qu'elle agira tel un homme, comme nous allons le montrer maintenant. Tout ce que fait un homme pour donner du plaisir à une femme est l'action propre à l'homme et voici ce qu'il en est :

La femme étant couchée sur son lit, il devra, l'air absorbé par la conversation, défaire le nœud de ses sous-vêtements.

uand une femme
onstate que son
mant est affaibli
ar trop d'activité,
ans qu'il ait pu
ncore assouvir son
ésir, elle peut, avec
on autorisation, le
enverser sur le dos
: entreprendre
: l'aider en jouant
rôle de l'homme.

Les Femmes qui Jouent le Rôle de l'Homme.
L'Activité de l'Homme

Quand elle commencera à se débattre, il la couvrira de baisers. Puis, son lingam en érection, il la touchera partout avec les mains et s'attardera doucement sur certaines parties de son corps. Si la femme est timide, et qu'ils en sont à leur première relation, l'homme placera ses mains entre les cuisses de la femme qu'elle aura probablement gardées fermées. Et s'il s'agit d'une très jeune fille, il commencera par mettre ses mains sur sa poitrine – qu'elle tiendra probablement cachée dans ses propres mains – et sous ses aisselles, et sur sa nuque. Mais s'il s'agit d'une femme expérimentée, il fera ce qui est agréable à tous deux en pareille occasion. Puis, la saisissant par les cheveux, il lui prendra le menton avec les doigts pour l'embrasser. À ce stade, s'il s'agit d'une fille très jeune, elle fermera les yeux par timidité. En tout cas, tout au long de la relation, l'attitude de la femme lui indiquera les caresses qu'elle apprécie.

À ce propos, Suvarnanabha affirme que si, au cours de la relation, l'homme veut faire à la femme ce qui amène son plaisir à lui, il ne devra jamais manquer de toucher les parties de son corps sur lesquelles elle pose les yeux.

Le plaisir et la jouissance de la femme se manifestent comme suit : son corps se relâche, elle ferme les yeux, perd toute pudeur et manifeste une envie croissante d'unir les deux organes aussi intimement que possible. En revanche, les signes patents d'un plaisir et d'une satisfaction inassouvis sont les suivants : elle se tord les mains, elle ne laisse pas l'homme se relever, elle est abattue, elle mord son amant, lui donne des coups de pied et

continue à bouger même après que l'homme a fini. En pareille situation, l'homme devra caresser le yoni de la femme avec la main et les doigts (comme l'éléphant qui frotte un objet quelconque avec sa trompe) avant d'initier l'union, jusqu'à l'assouplir, puis il pourra introduire son lingam en elle.

Les actions qui appartiennent à l'homme sont :

L'approche

Le barattage ou la friction

La percée

Le frottage

La pression

Donner un coup

Le coup du sanglier

Le coup du taureau

L'agitation du moineau

1 Lorsque les organes sont mis en contact intime l'un contre l'autre, cela s'appelle « l'approche ».

2 Lorsque le lingam est tenu avec la main et qu'on le fait tourner dans le yoni, cela s'appelle « le barattage ou la friction ».

3 Lorsque le yoni est abaissé et que le lingam en frappe la partie supérieure, cela s'appelle « la percée ».

4 Lorsque la même chose est effectuée sur la partie inférieure du yoni, on procède au « frottage ».

5 Lorsque le lingam comprime le yoni pendant un long moment, c'est « la pression ».

Les Femmes qui Jouent le Rôle de l'Homme.
L'Activité de l'Homme

6　Lorsque le lingam s'éloigne du yoni à une certaine distance, puis est rentré avec force, c'est « donner un coup ».

7　Lorsque le lingam frotte le yoni sur un seul côté, c'est « le coup du sanglier ».

8　Lorsque les deux parties du yoni sont frottées de cette façon, en alternance, c'est « le coup du taureau ».

9　Lorsque le lingam est maintenu dans le yoni et qu'on lui imprime de nombreux mouvements de va-et-vient sans le retirer, c'est « l'agitation du moineau ». Cette action se déroule à la fin de l'union.

Lorsqu'une femme joue le rôle de l'homme, il est bon qu'elle ajoute, en dehors des neuf points ci-dessus, les spécialités suivantes :

La pince

La toupie

La balançoire

1 Lorsque la femme maintient le lingam dans son yoni, l'y attire, le comprime et le garde en elle ainsi pendant longtemps, elle applique « la pince ».

2 Quand, au cours du rapport, elle engage un mouvement circulaire pivotant, elle reproduit « la toupie ». Ce mouvement ne s'apprend qu'avec la pratique.

3 Lorsque, dans cet état, l'homme soulève le milieu de son corps et que la femme imprime un mouvement oscillatoire autour de sa partie médiane à elle, ce mouvement s'appelle « la balançoire ».

Les Femmes qui Jouent le Rôle de l'Homme.
L'Activité de l'Homme

Lorsque la femme est fatiguée, elle placera son front sur celui de son amant et ainsi se reposera, les organes étant toujours unis ; et lorsqu'elle se sera reposée, l'homme réintègrera sa place et reprendra l'union.

Il existe aussi quelques strophes sur le sujet :

« Bien que la femme soit réservée et cache, en général, ses sentiments, lorsqu'elle monte l'homme, elle dévoile alors son amour et son désir. Un homme devra déduire des gestes de la femme quelles sont ses dispositions et la manière dont elle désire qu'il jouisse d'elle. Une femme qui a ses règles, une femme qui a récemment accouché ou une femme trop forte ne devraient pas être autorisées à jouer le rôle de l'homme. »

L'Auparishtaka,[1]
ou les Jeux de Bouche

es Acharyas (auteurs anciens et vénérables) sont d'avis que l'Auparishtaka est affaire de chien et non d'homme car il s'agit d'une pratique grossière, prohibée par les commandements des Écritures saintes (Dharma shastras), et parce que l'homme lui-même souffre lorsque son lingam entre en contact avec la bouche des eunuques et des femmes. Mais Vatsyayana affirme que les ordres des Écritures saintes ne concernent pas ceux qui sollicitent les courtisanes, et que la loi n'interdit la pratique de l'Auparishtaka qu'avec les

Cette pratique semble avoir été très courante dans certaines régions

L'Auparishtaka ou les Jeux de Bouche

femmes mariées uniquement. Quant aux blessures faites à l'homme, on peut facilement y porter remède.

Les gens de l'Inde orientale ne s'unissent pas avec les femmes qui pratiquent l'Auparishtaka.

Les gens d'Ahichhatra recourent à ces femmes, mais s'abstiennent de tout commerce avec la bouche.

Les gens de Saketa pratiquent toutes sortes de fellations avec ces femmes, alors que les gens de Nagara ne la pratiquent pas mais font toutes les autres choses.

Les gens du pays de Shurasena, de la côte sud de Jumna, font tout sans hésitation aucune, car ils disent que les femmes étant naturellement impures, nul ne peut être absolument sûr de leur

de l'Inde en des temps très anciens. L'une des affections décrites dans un ouvrage de médecine vieux de deux mille ans, le *Shushruta*, est les blessures faites au lingam avec les dents. Plusieurs temples Shaivites, à Bhubaneshwar près de Cuttack, dans l'Orissa, édifiés aux alentours du VIIIe siècle, recèlent des traces de cette pratique. Différentes sortes d'Auparishtaka sont représentées sur les sculptures trouvées dans ces lieux et indiquent clairement que ces comportements étaient alors fréquents dans cette région. Il ne semble pas qu'ils aient persisté dans l'Hindoustan actuel, ayant été peut-être supplantés par la sodomie, introduite à la période musulmane.

réputation, de leur pureté, de leur conduite, de leurs pratiques, de leurs confidences et de leur discours. Ce n'est pas pour autant qu'on les stigmatisera, car la loi religieuse qui les déclare pures, stipule que les Hindous considèrent pur le pis d'une vache au moment de la traite, bien que le museau de l'animal et celui de son veau soient déclarés impurs.

> Tout le monde devrait faire les choses de l'amour selon... sa propre inclination.

Là encore, un chien est pur lorsqu'il mord le cerf, bien que la viande qu'il a touchée doit être considérée comme totalement impure. Un oiseau est pur lorsqu'il fait tomber un fruit de l'arbre en le picorant, bien que la nourriture des corbeaux et des autres oiseaux soit considérée comme impure. Et la bouche d'une femme est pure

lorsqu'il s'agit d'embrasser et de faire ce qui se fait lors de la relation sexuelle. En somme, Vatsyayana pense que tout le monde devrait faire les choses de l'amour selon la coutume de son pays et sa propre inclination.

Voici quelques strophes sur le sujet :

« Les serviteurs mâles de certains hommes pratiquent la fellation avec leurs maîtres. Certains gentilshommes qui se connaissent bien la pratiquent entre eux également. Les femmes du harem, lorsqu'elles tombent amoureuses, pratiquent ces jeux buccaux sur le yoni d'autres femmes et certains hommes font de même avec les femmes. Cela se fait (embrasser le yoni) comme on embrasse la bouche. Quand l'homme et la femme sont couchés tête bêche – la tête de l'un vers les pieds de l'autre –, et pratiquent une

Quand l'homm
et la femme so
couchés tête bêc
– la tête de l'u
vers les pie
de l'autre
et pratique
une fellatio
cela s'appe
la « positio
du corbeau

fellation, cela s'appelle « la position du corbeau ».

Pour la recherche de ce plaisir particulier, il arrive que des courtisanes abandonnent des hommes pleins de qualités, généreux et intelligents pour s'attacher à des individus de basse condition, esclaves ou cornacs. L'Auparishtaka, ou rapport avec la bouche, ne devrait jamais être effectué par un sage Brahmane, ni par un ministre serviteur de l'état, non plus que par un homme de bonne réputation, car bien que la pratique en soit admise par les Shastras, il n'y a pas de raison de s'y adonner sauf en des occasions particulières. Par comparaison, le goût et les qualités digestives de la viande de chien sont bien mentionnés dans les ouvrages de médecine, mais cela ne signifie pas pour autant qu'elle doive être consommée par le sage. Ce qui signifie que selon les circonstances, les lieux et les hommes, l'usage de cette pratique peut être admis. Ainsi, avant d'opérer, l'homme devrait bien examiner l'endroit, les circonstances et la manière, et s'assurer aussi que cela lui est agréable. Toujours selon les circonstances, il choisira de s'adonner ou non à ces jeux. Cela dit, ces choses étant secrètes, et l'esprit de l'homme inconstant, comment pourrait-on savoir quel sera le comportement d'une personne ? »

Le Début et la Fin de l'Union Sexuelle. Les Différentes Unions et les Querelles d'Amoureux

ans la chambre du plaisir, parfumée et décorée de fleurs, le gentilhomme, entouré de ses amis et de ses serviteurs, recevra la femme qui apparaîtra baignée et vêtue. Il l'invitera à prendre quelque rafraîchissement et à boire librement. Il s'assoira à sa gauche, caressera ses cheveux, et jouant avec les nœuds de ses vêtements, l'enlacera tendrement avec son bras droit. Il l'entretiendra plaisamment, engageant la conversation sur différents sujets. Il se permettra quelques allusions crues sur des choses qu'on n'aborde généralement pas en société.

Ils chanteront, avec ou sans gestes, et joueront de divers instruments de musique, causeront d'art et lèveront leurs verres. Finalement, lorsque la femme se sentira submergée d'amour et de désir, le gentilhomme renverra l'assemblée tout en lui offrant fleurs, parfums et feuilles de bétel. Une fois seuls, les deux amants se livreront à ce qui a été décrit précédemment.

C'est ainsi que débute l'union sexuelle. À la fin du rapport, les amants, avec pudeur et sans se regarder, se rendent séparément à la salle d'ablutions. Ils reviennent ensuite s'asseoir à leur place, puis mâchent quelques feuilles de bétel. L'homme enduit alors le corps de la femme d'un onguent de santal ou d'une autre essence. Il l'enlace de son bras gauche et, lui parlant agréablement, la fait

Finalement, lorsque
la femme se sentira
submergée d'amour
et de désir,
le gentilhomme
renverra l'assemblée
tout en lui offrant
fleurs, parfums
et feuilles de bétel.
Une fois seuls,
les deux amants
se livreront à ce
qui a été décrit
précédemment.

boire dans une coupe qu'il tient entre ses mains ou lui offre de se désaltérer avec un peu d'eau. Ils goûtent aux confiseries ou à tout autre mets de leur choix et boivent des jus de fruits frais[1], du potage, du jus de mangue, du jus de citron. Ils mangent du sorbet ou toute autre spécialité de la région pourvu qu'elle soit sucrée, moelleuse et pure. Les amants souhaiteront peut-être s'asseoir sur la terrasse du palais ou de la maison, pour admirer le clair de lune et converser agréablement. À ce moment de la soirée, la femme sera assise sur ses genoux, le visage tourné vers

> La femme étant assise sur ses genoux, le visage tourné vers la lune, le gentilhomme lui montrera les différentes planètes.

la lune et le gentilhomme lui montrera les différentes planètes, l'étoile du matin, l'étoile polaire et les constellations.

Ainsi prend fin l'union sexuelle.

Les rapports sont de différentes sortes :

L'union d'amour partagé

L'union d'amour à venir

L'union d'amour artificiel

L'union de transfert

L'union de dupes

L'union déclassée

L'union spontanée

En Inde, on boit le jus des fruits du cocotier, du dattier et d'autres palmiers. Ces jus ne se conservent que peu de temps et fermentent très vite. Ils sont alors distillés et servis comme liqueur.

Le Début et la Fin de l'Union Sexuelle.
Les Différentes Unions et les Querelles d'Amoureux

1   Quand un homme et une femme qui s'aiment depuis longtemps se retrouvent après que l'un d'eux est rentré de voyage ou après une dispute, ils accomplissent alors « l'union d'amour partagé ».

2   Lorsque deux personnes se rencontrent alors que leur amour est encore en gestation, le rapport est appelé « l'union d'amour à venir ».

3   Lorsque l'homme engage le rapport après s'être excité lui-même au moyen des soixante-quatre techniques, comme embrasser et autres moyens accessoires, et lorsqu'un homme et une femme ont commerce, bien qu'en réalité ils en aiment un autre, leur rapport est souvent appelé « l'union d'amour artificiel ». En pareille situation, tous les moyens et méthodes décrits dans les Kama shastras devraient être utilisés.

4   Lorsqu'un homme, du début à la fin de la relation, pense qu'il a du plaisir avec une autre femme (qu'il aime) que celle avec laquelle il est engagé, cela s'appelle « l'union de transfert ».

5   Une relation entre un homme et une porteuse d'eau, ou une servante de caste inférieure à la sienne, qui ne dure que le temps d'arriver au spasme, est une « union de dupes ». Dans ce cas, il ne doit pas y avoir d'attouchements, de baisers ni de caresses.

6   Le rapport entre une courtisane et un paysan, ou entre un gentilhomme et une femme de la campagne ou de la province, est appelé « union déclassée ».

7   Le rapport entre deux personnes attachées l'une à l'autre et qui s'effectue

au gré de leurs préférences est appelé « l'union spontanée ».

Ainsi se terminent les différentes sortes d'unions.

Nous évoquons maintenant les querelles d'amoureux.

Lorsqu'elle est très amoureuse, la femme ne supporte pas d'entendre le nom de sa rivale ou d'en entendre parler, ou de se faire malencontreu-sement appeler par son nom. Si cela arrive, une violente querelle s'engage et la femme pleure, se fâche, secoue sa chevelure, frappe son amant, tombe du lit ou du fauteuil, se roule par terre en jetant au loin guirlandes et ornements. L'amant devra alors essayer de lui parler en adoptant un ton conciliant ; il la relèvera et la posera sur son lit. Mais elle, sans répondre à ses questions, lui tirera les cheveux en avant en lui courbant la tête ; puis, après lui avoir donné un, deux ou trois coups sur les bras, la tête et la poitrine, elle se lèvera et se dirigera vers la porte. Dattaka dit qu'elle devrait alors s'asseoir, l'air fâché, près de la porte et verser des larmes sans en franchir le pas pour éviter de se mettre en tort. Au bout d'un moment, si elle estime que les diverses tentatives de réconciliation de son amant sont assez convaincantes, elle l'embrassera, lui adressera des mots durs, des reproches, tout en l'assurant de son désir et de son amour.

Quand la femme est dans sa propre maison et qu'elle se querelle avec

> Lorsqu'elle est très amoureuse, la femme ne supporte pas d'entendre le nom de sa rivale.

Le Début et la Fin de l'Union Sexuelle.
Les Différentes Unions et les Querelles d'Amoureux

son amant, elle devra lui parler en lui montrant à quel point elle est fâchée, puis s'en aller. Par la suite, l'amant ayant délégué quelque joyeux compère, le Vita, le Vidushaka ou le Pithamarda, pour apaiser sa colère et entamer la réconciliation, elle reviendra avec eux à la maison et y passera la nuit avec son amant.

Ainsi se termine le discours sur les querelles d'amoureux.

En conclusion :

L'homme qui sait mettre en œuvre les soixante-quatre techniques exposées par Babhravya est à même d'atteindre son objectif et peut jouir d'une femme de première qualité. Malgré ses connaissances dans bien d'autres domaines, il retirera bien peu d'honneur de ses discours dans une assemblée d'érudits s'il ne connaît pas les « Soixante-quatre ». Un homme dépourvu d'autres connaissances mais qui possède correctement les soixante-quatre tâches deviendra un chef dans n'importe quelle assemblée d'hommes et de femmes. Comment ne pas respecter les soixante-quatre parties lorsque l'on sait que les érudits,

> Celui qui connaît bien les soixante-quatre techniques est considéré avec respect.

les gens habiles et les courtisans les honorent de leur considération ? Et comme les soixante-quatre techniques sont respectées, charmantes et ajoutent aux talents de la femme, elles sont, comme le disent les Acharyas, chères à la femme. Celui qui connaît bien les soixante-quatre techniques est considéré avec respect par les épouses, les femmes d'autrui et les courtisanes.

193
Le Début et la Fin de l'Union Sexuelle,
Les Différentes Unions et les Querelles d'Amoureux

LA RECHERCHE
D'UNE ÉPOUSE

Le Mariage

orsqu'une jeune vierge, fille de la même caste est mariée selon les préceptes des Écritures saintes (Dharma shastras), une telle hyménée engendrera : l'acquisition du Dharma et de l'Artha, une descendance assurée, la bonne entente avec son mari, la multiplication des amitiés et un amour sans faille. C'est pour cette raison que l'homme s'efforcera de porter son affection sur une fille de bonne famille dont les parents sont vivants, et qui serait plus jeune que lui de trois ans ou plus. Elle sera née dans une

Le Mariage

famille très respectable, possédera du bien, de bonnes relations, de nombreux parents et amis. Elle sera belle, de bonne disposition, portera les marques de la fortune sur le corps, arborera une belle chevelure ; ses ongles, ses dents, ses oreilles, ses yeux et ses seins seront dans les normes, ni plus ni moins, et son corps sera sain. Mais de toute façon, comme le stipule Ghotakamukha, on ne portera jamais son amour sur une fille qui a déjà connu d'autres hommes (c'est-à-dire qui n'est plus vierge), car une telle chose ne serait pas convenable.

Les parents et relations du prétendant feront tous leurs efforts pour conclure un mariage avec une jeune fille comme celle décrite plus haut, de même que les amis des deux côtés, dont on sollicitera l'assistance. Ils informeront les parents de la jeune

Les présages, les signes, les augures et les mots entendus seront la condition *sine qua non* pour qu'une jeune fille soit prise pour épouse, et donnée en mariage.

199

fille des défauts, aussi bien présents que futurs, de tous les autres hommes qui prétendraient se mettre sur les rangs, et porteront aux nues, sans avoir peur d'exagérer, toutes les excellences, ancestrales et paternelles, de leur ami, afin de le leur rendre cher, et ce particulièrement auprès de la mère de la jeune fille. Un des amis se déguisera en astrologue et prédira la bonne fortune et les richesses à venir du prétendant, en décrivant tous les présages[1] et les signes de bon augure[2], l'influence bénéfique des planètes sur sa destinée, l'entrée prometteuse du soleil dans tel signe du zodiaque, sa bonne étoile et les marques de fortune qu'il portera sur le corps. D'autres exciteront la jalousie de la mère en lui révélant que leur ami pourrait trouver mieux que sa fille ailleurs.

Le vol d'un geai bleu à la gauche d'une personne qui entame une affaire est considéré comme de bon augure ; le passage d'un chat noir devant une personne dans les mêmes circonstances est considéré comme de mauvais augure. Les présages de ce type sont fort nombreux.

Un homme qui cligne de l'œil droit et une femme qui cligne de l'œil gauche, etc.

Avant d'entreprendre une affaire, il est d'usage de se rendre dans la maison du voisin, tôt le matin, et d'y surprendre les premiers mots prononcés par la famille. Le sens de ces mots, selon qu'ils seront favorables ou, au contraire, défavorables, influera sur le succès de l'entreprise ou conduira à son échec.

Les présages, les signes, les augures et les mots entendus[3] seront la condition *sine qua non* pour qu'une jeune fille soit prise pour épouse, et donnée en mariage. Car, comme le dit Ghotakamukha, l'homme n'a pas le loisir de se marier quand bon lui semble. On ne devrait pas épouser, par exemple, une jeune fille qui dort lorsqu'on vient la demander en mariage, qui pleure, qui est sortie de la maison ou qui est promise à un autre.

Les parents d'une jeune fille en âge de se marier, devront veiller à bien l'habiller et à la placer à la vue de tous. Chaque après-midi, habillée et parée de manière seyante, ils l'enverront pratiquer des jeux, des sacrifices ; elle pourra également se rendre à quelque cérémonie de mariage accompagnée d'amies, afin de

Le Mariage

paraître à son avantage en société, et d'être remarquée comme on estimerait les qualités d'une marchandise. Les parents recevront avec des mots aimables et une attitude amicale tous ceux qui, sous une apparence prometteuse, viendront avec leurs amis et parents en vue d'épouser leur fille. Puis, sous un prétexte quelconque, après l'avoir habillée de manière avantageuse, ils la leur présenteront. Ils attendront ensuite le bon vouloir du destin et c'est dans ce but qu'ils fixeront une autre rencontre pour décider du mariage. Ce jour-là, lorsque ces personnes viendront, les parents de la jeune fille les convieront au bain et à dîner tout en gardant à l'esprit que : « Vient à point qui sait

> Les parents d'une jeune fille en âge de se marier devront veiller... à la placer à la vue de tous.

attendre. » Ils n'accéderont pas à leur demande mais remettront l'affaire à plus tard.

L'homme épousera la jeune fille ainsi conquise, conformément à la tradition du pays ou selon ses propres dispositions, en observant les préceptes des Écritures saintes qui régissent l'une des quatre sortes de mariages.

Ainsi se termine le discours sur le mariage.

Voici quelques strophes à ce sujet :

« Les jeux de société, ceux qui consistent, par exemple, à compléter des vers, les mariages et les cérémonies religieuses ne devraient se faire, ni avec des supérieurs, ni avec des subordonnés, mais avec des pairs. On sait qu'il y a haute alliance lorsqu'un homme,

Le Mariage

après son mariage, doit servir sa femme et ses parents comme un domestique, et qu'une telle alliance est malvenue. À l'inverse, lorsque l'homme et ses parents dominent la femme, il s'agit d'une basse alliance et les sages la réprouvent également. Mais lorsque l'homme et la femme peuvent se procurer un plaisir mutuel et que les parents des deux côtés se respectent, ceci est une alliance dans le vrai sens du terme. C'est pour cette raison qu'un homme ne devrait conclure ni une haute alliance qui l'obligerait à se soumettre après son mariage, ni une basse alliance que tout le monde réprouve. »

Lorsque l'homme et la femme peuvent se procurer un plaisir mutuel et que les parents des deux côtés se respectent, ceci est une alliance dans le vrai sens du terme.

Comment se Concilier les Faveurs d'une Jeune Fille

endant les trois premiers jours du mariage, la jeune fille et son époux dormiront par terre, s'abstenant de tout plaisir sexuel, et n'assaisonneront leurs aliments qu'avec du sel ou une substance amère. Les sept jours suivants, ils se baigneront au son d'une musique d'ambiance, se pareront, dîneront ensemble et prêteront une attention toute particulière aux parents et amis venus en témoins à leur mariage.

Ceci vaut pour toutes les castes. La nuit du dixième jour, en un lieu

Comment se Concilier les Faveurs d'une Jeune Fille

isolé et afin d'inspirer confiance à la jeune fille, l'époux commencera par lui parler doucement.

Selon certains auteurs, l'homme devrait rester trois jours sans lui parler afin de la conquérir ; mais les disciples de Babhravya estiment que s'il ne lui parle pas pendant trois jours, la jeune fille le voyant raide comme un pilier se laissera gagner par le découragement et finira par le mépriser comme on méprise un eunuque. Vatsyayana est d'avis que pour la gagner à sa cause et obtenir sa confiance, l'homme devra s'abstenir d'emblée de toute relation sexuelle. Étant de nature délicate, les

> Étant de nature délicate, les femmes ont besoin de tendres préliminaires.

femmes ont besoin de tendres préliminaires ; si elles se retrouvent violentées par un homme qu'elles connaissent à peine, il peut arriver qu'elles en viennent à haïr toute approche sexuelle et quelquefois le sexe masculin lui-même, à tout jamais. L'époux abordera donc la jeune fille en tenant compte de ses désirs et mettra tout en œuvre pour établir une relation de confiance avec elle. C'est ainsi qu'il agira :

Pour commencer, il devra l'embrasser de la manière qu'elle préfère, car cela ne prendra pas beaucoup de temps.

Il l'étreindra avec le haut du corps, car cela est plus facile et plus simple. Si la jeune fille est adulte et que l'homme la connaît depuis un certain temps déjà, il peut l'embrasser à la

Comment se Concilier les Faveurs d'une Jeune Fille

lumière d'une lampe ; mais s'il ne la connaît pas bien ou si elle est très jeune, alors il l'embrassera dans l'obscurité.

Lorsque la jeune fille aura accepté cette approche, il lui mettra un « tambula », ou boulette de noix et de feuilles de bétel, dans la bouche. Si elle ne l'accepte pas, il tentera de la convaincre avec des paroles affectueuses, des serments ; il pourra même s'agenouiller à ses pieds, car il est bien connu qu'une femme, aussi timide ou fâchée soit-elle, ne peut rester insensible à celui qui se met à genoux devant elle. En lui donnant ce « tambula », il devra baiser sa bouche doucement et sans bruit. Lorsqu'elle se sera laissée convaincre, il la fera parler. Pour ce faire, il lui posera des questions sur des sujets qu'il dira connaître ou prétendra ignorer, et qui n'attirent que de brèves réponses. Si elle ne lui parle toujours pas, il lui posera et reposera la question sur un ton amical, sans l'effaroucher. Si elle persiste à ne pas lui parler, il lui conseillera vivement de lui répondre car, comme le dit Ghotakamukha : « Les jeunes filles écoutent tout ce que leur dit un homme, mais restent souvent silencieuses. » Si elle se sent importunée, la jeune fille répondra par des mouvements de tête, mais si elle s'est querellée auparavant avec l'homme, elle ne pourra pas se les autoriser. Lorsque l'homme lui demandera si elle le désire, si elle l'aime, elle gardera longtemps le silence et lorsqu'il aura bien insisté, elle acquiescera en opinant de la tête. Si l'homme la connaissait avant le mariage, il pourra converser avec elle

par l'entremise d'une amie bien disposée à son égard et qui, ayant la confiance des deux, servira d'intermédiaire. Alors, la jeune fille sourira tête baissée, et si l'amie enfle ses propos, elle la grondera et contestera ses dires. En plaisantant, l'amie devra en dire plus que ce que la jeune fille ne désire et ajouter : « Elle l'a dit. » Sur quoi, la jeune fille dira tout bas et de façon charmante : « Oh non ! Je n'ai pas dit ça » ; elle sourira alors et jettera sur l'homme un coup d'œil furtif.

Si la jeune fille connaît bien l'homme, elle placera à ses côtés, silencieusement, le « tambula », un onguent ou la guirlande qu'il aura réclamée, ou bien elle l'attachera à ses vêtements. Ce faisant, l'homme touchera sa poitrine juvénile en la pressant avec ses ongles. Si elle l'en empêche,

L'homme touchera
sa poitrine juvénile
en la pressant
avec ses ongles.
Si elle l'en empêche,
il lui dira : « Je ne
le referai plus
si vous acceptez
de m'embrasser »,
l'amenant ainsi
à l'embrasser.

il lui dira : « Je ne le referai plus si vous acceptez de m'embrasser », l'amenant ainsi à l'embrasser. Profitant de cette étreinte, il lui passera et repassera la main sur tout le corps. Il l'aura bientôt attirée sur ses genoux et essayera de gagner encore plus de terrain ; si elle ne veut pas en céder, il tentera de l'effrayer en lui disant : « Je ferai des marques avec mes dents et mes ongles sur vos lèvres et votre poitrine, puis j'en ferai de pareilles sur tout mon corps et je dirai à mes amis qu'elles sont de vous. Que direz-vous alors ? ». En usant ainsi alternativement de menace et de confiance, comme on fait avec les enfants, l'homme parviendra à plier la femme à ses désirs.

Au cours de la deuxième ou de la troisième nuit… alors que la confiance qu'elle a placée en lui se sera consolidée, il la caressera sur tout le corps avec ses mains et la baisera partout. Il lui mettra aussi les mains sur les cuisses et les massera. S'il y parvient, il lui massera l'aine. Si elle tente de l'en dissuader, il lui dira : « Quel mal y a-t-il à cela ? » et la convaincra de le laisser faire.

Au cours de la deuxième ou de la troisième nuit... il la caressera sur tout le corps.

Lorsqu'il aura gagné ce point, il lui touchera les parties intimes, dénouera sa ceinture, le nœud de sa robe et, lui ôtant son sous-vêtement, il caressera le haut de ses cuisses nues. Il invoquera divers prétextes pour faire toutes ces choses, mais s'abstiendra encore d'engager le rapport. Il lui enseignera ensuite les soixante-quatre techniques du Kama, lui avouera combien il l'aime et lui révélera les espoirs qu'il a

Comment se Concilier les Faveurs d'une Jeune Fille

nourris à son égard. Il lui promettra aussi fidélité, chassera toutes ses craintes quant à d'éventuelles rivales. Finalement, ayant vaincu sa pudeur, il commencera à jouir d'elle en évitant de l'effaroucher. Voilà ce qu'il en est quant à la manière de gagner la confiance d'une jeune fille.

En outre, voici quelques strophes à ce sujet :

« Lorsqu'un homme agit selon les désirs de la jeune fille, il se l'attache, gagne son amour et sa confiance. Mais un homme qui suit entièrement les inclinations de la jeune fille, ou qui s'oppose totalement à elle, ne connaîtra que l'échec ; c'est pourquoi il faut adopter la voie moyenne. Celui qui plaît aux femmes, qui sait respecter

leur honneur et s'attirer leur confiance, celui-là est assuré de leur amour. Mais celui qui délaisse la jeune fille, la trouvant trop pudique, ne s'attirera que le mépris qu'on porte à une bête ignorante de la manière dont fonctionne l'esprit féminin. D'un autre côté, la jeune fille qui aurait été violentée par celui qui ne connaît pas le cœur féminin, sombre dans la nervosité, l'anxiété, le découragement et très vite haïra l'homme qui l'a abusée. Et si son amour n'est pas désiré, ou s'il ne lui est pas rendu, elle tombera alors dans l'abattement et finira par détester tous les hommes ou bien, si c'est son propre époux qu'elle prend en

> Celui qui plaît aux femmes est assuré de leur amour.

aversion, elle aura recours à d'autres hommes. »

Comment se Concilier les Faveurs d'une Jeune Fille

Faire sa Cour et Manifester ses Sentiments à la Jeune Fille Convoitée

elui qui est pauvre et doué de bonnes qualités, celui qui est dépourvu de qualité et qui est né dans une famille modeste, près d'un riche voisin, ou celui qui vit sous la dépendance de son père, de sa mère ou de ses frères, ne devrait pas se marier sans avoir tenté de se faire aimer et estimer de la jeune fille dès son enfance. Il en va de même d'un garçon séparé de ses parents et qui vit dans la maison de son oncle, ou de toute autre jeune fille, même si celle-ci est déjà promise à un autre. Selon Ghotakamukha, cette tentative

Faire sa Cour et Manifester ses Sentiments
à la Jeune Fille Convoitée

de s'attirer les grâces d'une jeune fille est irréprochable, car c'est une manière, parmi d'autres, d'accomplir le Dharma.

Lorsqu'un jeune homme entame sa cour auprès de la jeune fille qu'il aime, il lui consacrera tout son temps, la distraira avec divers jeux et amusements de leur âge et en accord avec leur relation : cueillir et ramasser des fleurs, en faire des guirlandes, jouer au papa et à la maman, faire la cuisine, jeter les dés, jouer aux cartes, au jeu des six cailloux et à tous les jeux qui se pratiquent dans leur région et qui sont appréciés de la jeune fille. Il organisera aussi des jeux de société qui requièrent la participation de plusieurs personnes, comme une partie de cache-cache, le jeu des graines, de la main chaude, colin-maillard, des exercices de gym-

Lorsqu'un jeune homme entame sa cour auprès de la jeune fille qu'il aime, il lui consacrera tout son temps, la distraira avec divers jeux et amusements.

nastique et d'autres jeux analogues auxquels prendront part amies et servantes. Le jeune homme manifestera aussi beaucoup de bienveillance à l'égard de toute femme qui aurait la confiance de la jeune fille et devra se faire de nouvelles relations. Mais par-dessus tout, il s'emploiera à s'attacher par une grande gentillesse et de menus services, la sœur de lait de la jeune fille convoitée, car elle pourrait prendre son parti en étant informée de ses intentions, et ne jamais tenter de les entraver ; elle pourrait même, éventuellement, favoriser une union entre lui et la jeune fille. Et, tout en connaissant le véritable caractère de l'homme, elle ne parlera jamais que de ses excellentes qualités aux parents et relations de la jeune fille, sans même qu'il l'en ait priée.

L'homme fera donc tout ce qui est en son pouvoir pour satisfaire la jeune fille et tentera de lui procurer tout ce qu'elle désire. C'est ainsi qu'il recherchera des jouets originaux. Il lui montrera une balle multicolore et d'autres curiosités de la sorte. Il lui procurera des poupées de chiffon, de bois, en corne de buffle, d'ivoire, de cire, de pâte et en terre glaise ; il dénichera aussi des ustensiles de cuisine et des figurines en bois, un homme et une femme debout par exemple, ou un bélier, une chèvre ou un mouton ; des maquettes de temples en terre glaise, en bambou ou en bois, en l'honneur de diverses déesses ; des cages à perroquets,

> L'homme fera donc tout ce qui est en son pouvoir pour satisfaire la jeune fille.

à coucous, à mainates, à cailles, à coqs et à perdrix ; des récipients divers et élégants, comme des appareils à asperger de l'eau, des guitares, des tabourets, de la laque, de l'arsenic rouge, de l'onguent jaune, du vermillon et du fard pour les yeux, ou encore du bois de santal, du safran, des noix et des feuilles de bétel. Chacune de ces choses, sera offerte à la jeune fille en moment opportun : lorsqu'il la rencontrera en public, ou selon les circonstances. Bref, il sera la personne qui peut réaliser tous ses vœux.

Ensuite, il obtiendra d'elle un rendez-vous en quelque endroit isolé et lui révélera le but de la rencontre : lui faire ces présents en secret de peur de déplaire à leurs parents respectifs, puis il pourra ajouter que les choses qu'il lui offre ont été désirées par d'autres. Lorsque la jeune fille paraîtra l'aimer davantage, et si elle en exprime le désir, il lui racontera de belles histoires. Si elle semble apprécier l'habileté, il exécutera quelques tours d'adresse ; et si elle montre de l'intérêt à certaines représentations, il lui dévoilera son savoir-faire dans les arts. Si elle aime chanter, il l'entretiendra de musique ; à certaines occasions, lorsqu'ils iront ensemble aux fêtes de clair de lune ou à d'autres sorties, ou lorsqu'elle retournera à la maison après s'en être absentée, il l'accueillera avec des bouquets de fleurs, des diadèmes, des ornements d'oreilles, des bagues, car ce sont là des occasions propices à ce genre de choses.

Il enseignera aussi à la fille de la nourrice les soixante-quatre véhicules du plaisir que pratiquent les hommes et, à ce propos, il lui fera savoir qu'il est très habile dans l'art du plaisir sexuel. Pendant tout ce temps, il devra porter de beaux vêtements afin d'apparaître sous son plus beau jour, car les jeunes femmes aiment que les hommes qui partagent leur vie soient beaux, aient belle allure et s'habillent en conséquence. Quant à la croyance selon laquelle une jeune femme tombée amoureuse ne dévoile rien à l'objet de son affection, ce ne sont là que propos sans fondement.

En effet, une jeune fille amoureuse montre son amour par des signes et des comportements tels que ceux-ci : elle ne regarde jamais un homme en face et ressent de la gêne quand il pose les yeux sur elle ; sous un prétexte quelconque, elle lui montre ses bras ; elle l'observe à la dérobée lorsqu'il s'éloigne ; elle baisse la tête lorsqu'il lui pose une question et bredouille sans pouvoir finir ses phrases ; elle se plaît en sa compagnie pendant de longs moments, s'adresse à ses servantes en prenant un ton particulier, dans l'espoir d'attirer son attention lorsqu'il reste un peu éloigné ; sous un prétexte quelconque, elle lui montre différentes choses, lui relate des contes et des légendes en prenant son temps pour rester le plus longtemps possible avec lui ; en sa présence, elle enlace et donne des

> Pendant tout ce temps, il devra porter de beaux vêtements afin d'apparaître sous son plus beau jour.

Faire sa Cour et Manifester ses Sentiments
à la Jeune Fille Convoitée

baisers à un enfant assis sur ses genoux ; elle applique des poinçons ornementaux sur le front de ses servantes, se déplace avec beaucoup de grâce lorsque ses servantes plaisantent avec elle en présence de son amant ; elle confie des secrets à ses amis, les respecte et leur obéit ; elle traite ses servantes de manière amicale, les engage à faire son travail comme si elle était la seule maîtresse, et les écoute attentivement lorsqu'elles racontent à d'autres des histoires sur son amant ; elle pénètre dans sa demeure lorsqu'elle y est invitée par sa sœur de lait, et avec sa complicité, parvient à lui parler et à jouer avec lui ; elle évite d'apparaître devant son amant lorsqu'elle n'est ni habillée ni parée, lui fait parvenir, lorsqu'il le sollicite, ses boucles

Faire sa Cour et Manifester ses Sentiments
à la Jeune Fille Convoitée

d'oreille, sa bague ou une guirlande de fleurs par l'entremise d'une amie ; elle porte toujours un présent qu'il lui aura offert, se montre perplexe lorsqu'un autre prétendant est mentionné par ses parents, et refuse de se mêler aux siens ou à ceux-là qui pourraient le soutenir.

Voici quelques strophes à ce sujet :

« Lorsqu'un homme a vu et saisi les sentiments que la jeune fille lui porte et qu'il a remarqué son comportement révélateur, il devra faire tout ce qui est en son pouvoir pour s'unir à elle. Il s'emploiera à conquérir la jeune fille avec des jeux d'enfants ; une demoiselle mûrira

> « Lorsqu'un homme a vu et saisi les sentiments que la jeune fille lui porte... il devra faire tout ce qui est en son pouvoir pour s'unir à elle. »

s'il est habile dans les arts, et une jeune fille qui l'aime aura recours à des personnes en qui elle a toute confiance. »

Ce à quoi l'Homme Doit
Exclusivement se Consacrer
pour Conquérir la Jeune Fille
et ce que la Jeune Fille
Doit Faire pour Séduire l'Homme
et le Soumettre.

orsque la jeune fille commence à montrer ses sentiments par des signes et une attitude sans équivoque, ainsi que nous l'avons dit dans le chapitre précédent, il faudra que son amant s'attire ses faveurs par divers stratagèmes dont voici quelques exemples :

Lorsqu'il se trouvera à ses côtés au cours d'un jeu ou lors d'un divertissement, il lui prendra la main délibérément. Il l'embrassera de diverses manières, par un baiser

Ce à quoi l'Homme Doit Exclusivement se Consacrer pour Conquérir la Jeune Fille

touchant ou par d'autres décrits dans les chapitres précédents.

Il lui montrera, de temps à autre, découpé dans les feuilles d'un arbre, un couple, homme et femme, et autres choses du même acabit. Lorsqu'ils prendront part à des sports aquatiques, il plongera à une certaine distance et remontera à la surface, tout à côté d'elle. Il s'extasiera sur le feuillage nouveau des arbres et autres choses de ce genre. Il lui dira à quel point il souffre à cause d'elle. Il lui racontera aussi les merveilleux rêves qu'il a faits, dans lesquels sont apparues d'autres femmes. Lors des fêtes et assemblées de sa caste, il prendra place à ses côtés, l'effleurera sous un prétexte quelconque, et posant ses pieds sur les siens, il touchera gentiment chacun de ses orteils et pressera le bout de ses ongles ; s'il y parvient, il s'emparera de son pied avec la main et fera la

Lorsque la jeune fille
commence à montrer
ses sentiments par
des signes et une
attitude sans
équivoque... l'amant
essayera de s'attirer
ses faveurs
par toutes sortes
de stratagèmes.

237

même chose. Il pressera aussi un doigt de sa main entre ses orteils, si elle vient à lui laver les pieds ; et chaque fois qu'il lui donnera ou lui prendra quelque chose, toute son attitude exprimera son amour.

Il l'aspergera d'eau qu'on lui aura apportée pour se rincer la bouche ; une fois seul avec elle dans quelque endroit retiré, ou dans l'obscurité, il lui fera la cour et lui dévoilera ses sentiments en prenant soin de ne la heurter en aucune manière.

Chaque fois qu'il se retrouvera assis à ses côtés sur le même siège ou le lit, il lui dira : « Je dois vous dire quelque chose en privé » ; puis, lorsqu'elle l'aura rejoint dans quelque endroit retiré, il lui avouera son amour, plus par son attitude que par des mots. Lorsqu'il connaîtra les sentiments qu'elle lui porte, il prétendra être malade, la fera venir chez lui pour lui parler.

Là, il lui prendra délibérément la main pour la placer sur ses yeux et son front, et sous le prétexte de devoir prendre quelque médecine, il lui demandera de la préparer pour lui en ces termes : « C'est vous qui devez le faire et personne d'autre. » Lorsqu'elle manifestera le désir de se retirer, il la laissera faire avec la demande expresse qu'elle revienne le voir. Il devra reconduire ce stratagème de la maladie pendant trois jours et trois nuits. Puis, lorsqu'elle aura pris l'habitude de venir plus souvent, il tiendra de longues conversations avec elle car, comme le dit Ghotakamukha,

> Une fois seul avec elle dans quelque endroit retiré, ou dans l'obscurité, il lui fera la cour.

*Ce à quoi l'Homme Doit Exclusivement
se Consacrer pour Conquérir la Jeune Fille*

« Même si un homme aime beaucoup une jeune fille, jamais il ne pourra la conquérir à moins de beaucoup lui parler. » Finalement, lorsque la jeune fille sera tout à fait conquise, il pourra alors commencer à jouir d'elle. Quant à ce qu'on raconte sur le fait que les femmes seraient moins farouches le soir, pendant la nuit et dans l'obscurité, et accepteraient à ces moments-là l'homme sans lui résister, ce ne sont que des affabulations.

Si l'homme ne réussit pas tout seul dans son entreprise, il aura recours à la sœur de lait ou à une confidente de la jeune fille, de sorte que celle-ci lui soit amenée en ignorant ses intentions ; puis il procédera avec elle de la manière décrite ci-dessus. Ou bien, pour commencer, il pourra envoyer sa propre servante vivre avec la jeune fille comme une amie qui s'emploiera dès lors à la conquérir par ses propres moyens.

Enfin, lorsqu'il aura été conforté quant aux sentiments qu'elle nourrit envers lui par son comportement et qu'il l'aura rencontrée dans les solennités religieuses, les cérémonies de mariage, les foires, les fêtes, au théâtre, dans les assemblées publiques et autres occasions de ce genre, il pourra commencer à lui faire la cour une fois qu'ils seront seuls, car Vatsyayana affirme qu'une femme, à condition qu'elle soit courtisée en temps voulu et dans un lieu opportun, ne se détourne jamais de son amant.

Lorsqu'une fille nubile, douée de bonnes qualités et de bonne éducation, bien que de famille humble ou ruinée, n'est de ce fait pas recherchée en mariage par ses pairs, une orpheline, ou encore une fille sans parents mais qui toutefois observe les règles de sa famille et de sa caste, désire se marier, une telle jeune fille donc s'efforcera de séduire un jeune homme fort, de belle apparence ou une personne qui désirerait l'épouser par faiblesse d'esprit, et qui le ferait même sans le consentement de ses parents. Elle entreprendra tout ce qui est en son pouvoir pour s'en faire aimer et parviendra à son but en provoquant de fréquentes occasions de rencontres. Sa mère favorisera également les rencontres en mettant à contribution les amies et la sœur de lait. La jeune fille, elle-même, s'arrangera pour se retrouver seule avec son bien-aimé en quelque endroit

> Aussi grand soit l'amour d'une jeune fille pour son bien-aimé, elle ne devrait pas s'offrir elle-même, ni faire les premières avances.

écarté, et lui donnera tantôt des fleurs, tantôt des noix, des feuilles de bétel, ou des parfums. Elle lui montrera ses talents dans la pratique des arts, en le massant, l'éraflant ou en le pressant avec ses ongles. Elle l'entretiendra des sujets qu'il affectionne tout particulièrement et discutera avec lui de la manière dont on s'attire l'amour d'une jeune fille.

Cependant, les auteurs anciens affirment que, aussi grand soit l'amour d'une jeune fille pour son bien-aimé, elle ne devrait pas s'offrir elle-même, ni faire les premières avances, car elle y perdrait de sa dignité et risquerait rejet et dédain. Mais si l'homme montre quelque intérêt, elle le recevra avec bienveillance, ne variera pas de comportement s'il l'embrasse et recueillera toutes ses manifestations d'amour en affectant de ne pas

« Une fille très
recherchée épousera
l'homme de son choix,
celui dont elle croit
qu'il se pliera
à ses désirs
et sera capable
de lui donner
du plaisir. »

comprendre son état d'esprit. S'il tente de lui donner un baiser, elle s'y opposera ; s'il l'invite à entamer une relation sexuelle, elle ne le laissera toucher ses parties intimes qu'avec beaucoup de réticence ; s'il insiste, elle ne cédera pas et résistera à ses assauts. Ce n'est qu'une fois certaine de son amour, et du fait que son bien-aimé, véritablement épris, ne changera pas d'avis, qu'elle se donnera à lui à condition qu'il l'épouse rapidement. Une fois sa virginité perdue, elle en fera aussitôt part à ses amies intimes.

Ici se termine le discours sur les efforts que fait une jeune fille pour séduire un homme.

Il y a aussi quelques strophes à ce sujet.
Les voici :

« Une fille très recherchée épousera
l'homme de son choix, celui dont elle
croit qu'il se pliera à ses désirs et sera
capable de lui donner du plaisir. Mais,
lorsque par désir d'acquérir des
richesses, une jeune fille est donnée
par ses parents à un homme fortuné
sans que soit pris en considération
le caractère ou l'apparence du
prétendant, ou qu'on la marie à un
homme qui a déjà plusieurs femmes,
elle ne s'attachera jamais à un tel
homme, même s'il possède de bonnes
qualités et assouvit ses désirs, même s'il
est actif, fort et en bonne santé, et
désireux de lui plaire par tous les
moyens. Un mari engageant, restant
toutefois maître de lui-même, même
pauvre et de modeste prestance, est

préférable à celui que plusieurs femmes se partageraient, quand bien même il serait séduisant et de belle allure. Les nombreuses épouses d'hommes riches ne sont généralement pas attachées à leur mari, ne leur sont pas intimes et, bien que possédant tout ce qu'il faut pour jouir de la vie, vont malgré cela s'unir à d'autres hommes. Un homme faible d'esprit, déchu de sa position sociale et voyageant beaucoup, ne mérite pas d'être marié ; ni celui qui a de nombreuses épouses et enfants, ni même celui qui s'adonne aux divertissements et au jeu et qui n'honore sa femme que lorsqu'il lui plaît. De tous les amants, le seul véritable époux est celui qui possède les qualités qu'elle aime et c'est cet époux-là qu'elle voudra prendre car il sera l'époux de l'amour. »

Ce que la Jeune Fille Doit Faire
pour Séduire l'Homme et le Soumettre

COMMENT ACCROÎTRE
SON CHARME

La Parure,
la Séduction des Cœurs
et les Ingrédients Stimulants

orsqu'une personne ne parvient pas à conquérir l'objet de son désir par les moyens décrits ci-dessus, il aura recours à d'autres procédés pour s'attirer la sympathie des autres.

La beauté, la jeunesse, la générosité et d'autres qualités sont les moyens essentiels et les plus naturels pour rendre une personne agréable aux yeux d'autrui. Si l'homme et la femme sont dépourvus de ces dons, ils pourront avoir recours à des artifices ou à d'autres procédés, dont voici quelques recettes éprouvées :

La Parure, la Séduction des Cœurs
et les Ingrédients Stimulants

a   On peut s'enduire le corps d'un onguent à base de *Tabernae montana coronaria*[1], de *Costus speciosus*[2] ou *arabicus*, et de *Flacourtia cataphracta*[3].

b   Si on réduit ces plantes en poudre fine et qu'on les met à brûler sur la mèche d'une lampe à huile additionnée de vitriol bleu, de pigment noir ou de noir de fumée, et que l'on passe cette mixture sur les cils, la personne n'en paraîtra que plus charmante.

c   L'huile d'ambroisie, d'*Echites putescens*, de plante sarin, d'amarante jaune et de feuille de nymphéa appliquée sur le corps produit le même effet.

d   Un pigment noir dérivé des mêmes plantes produit le même effet.

e   En ingurgitant de la poudre de *Nelumbium speciosum*[4], de lotus bleu et

1 Arbre touffu du nord de l'Inde, dont les fleurs dégagent un parfum très dense.

2 Plante asiatique aux longues tiges dotées de fleurs d'un blanc immaculé.

3 Liane ; ses fruits sont comestibles.

4 Lotus.

de *Mesna roxburghii*, avec du beurre clarifié et du miel, un homme devient aimable aux yeux des autres.

f Les ingrédients ci-dessus additionnés de *Tabernae montana coronaria* et de *Xanthochymus pictorius*[5], utilisés comme onguent, produisent les mêmes résultats.

g Un os de paon ou d'hyène, doré et attaché sur la main droite, a pour effet de rendre un homme aimable aux yeux de tous.

h Pareillement, un chapelet de graines de jujube ou de nacre, sur lequel des magiciens versés dans l'art, auront prononcé leurs incantations, et que l'on s'attache autour de la main, produira les mêmes effets que ceux décrits plus haut.

i Une servante arrivée à l'âge de la

5 Fruit comestible d'Asie.

puberté, sera enfermée par son maître. Lorsque des hommes la désireront ardemment du fait de sa réclusion et des difficultés de l'approcher, il n'accordera sa main qu'à celui qui pourra lui assurer richesse et bonheur.

Voilà un moyen d'augmenter le charme d'une personne aux yeux des autres.

Il en va de même pour la fille d'une courtisane parvenue à l'âge de la puberté. Après avoir rassemblé des jeunes gens de même âge, de mêmes dispositions et de même niveau d'instruction que sa fille, sa mère leur fera part de son désir de la donner en mariage à celui qui saura faire le cadeau approprié.

Puis, la jeune fille sera gardée recluse autant que possible et sa mère la

La Parure, la Séduction des Cœurs
et les Ingrédients Stimulants

donnera en mariage à celui qui fera les présents convenus. Si la mère n'arrive pas à obtenir ce qu'elle avait souhaité, elle montrera des objets lui appartenant et prétendra qu'ils ont été offerts par son futur époux.

Il se peut que la mère autorise sa fille à épouser l'homme en secret, feignant ainsi d'ignorer tout de l'affaire ; puis, prétendant avoir été mise au courant, elle donnera son consentement à ce mariage.

La fille, elle aussi, devra s'efforcer de plaire aux fils de familles aisées que sa mère ne connaît pas. Pour se les attacher, elle les rencontrera là où se donnent les leçons de chant et de musique, dans des demeures étrangères, par l'entremise d'une amie ou d'une servante, afin de pouvoir s'unir à l'homme qu'elle préfèrera[6].

Lorsque la fille d'une courtisane est ainsi donnée à un homme, les liens du mariage doivent être respectés pendant une année, puis elle sera libre. Si son premier mari en manifeste le désir une fois l'année écoulée, même si elle s'est engagée ailleurs, elle fera fi du gain présent et ira passer la nuit avec lui.

Telle est la coutume des mariages temporaires contractés par les courtisanes et la manière d'accroître leur charme et leur valeur aux yeux des autres. Ce qui s'applique aux courtisanes vaut également pour les filles des danseuses. Leurs mères ne devraient les donner qu'à des personnes en mesure de leur être diversement utiles.

Il était d'usage chez les courtisanes de certains pays d'Orient de donner de façon temporaire leurs filles pubères en mariage, une fois instruites dans le *Kama sutra* et autres disciplines.

Ainsi s'achève le discours sur les différentes manières de paraître aimable aux yeux des autres.

a   Pour séduire une femme, l'homme doit engager l'union sexuelle avec elle seulement après s'être frotté le lingam avec une mixture de poudre de stramoine, de piment long, de poivre noir et de miel.

b   Le même effet sera produit si on se frotte avec une mixture de feuilles de la plante vatodbhranta, de fleurs ayant recouvert un corps humain porté au bûcher, de la poudre d'os de paon et d'oiseau jiwanjiva.

c   Les restes d'un milan mort naturellement, moulus en poudre et mélangés avec de la bignone et du miel produisent le même effet.

d   Pour soumettre une femme à sa volonté, il convient aussi de s'enduire le corps avec un onguent à base d'*Emblica myrobolans*[7].

7 Groseiller d'Inde.

e Pour assujettir une femme sans même avoir une relation sexuelle avec elle, il faut hacher finement des pousses de vajnasunhi, les tremper dans un mélange d'arsenic rouge et de soufre, les faire sécher sept fois, et appliquer cette poudre mélangée à du miel sur son lingam. Ou bien, de nuit, l'homme brûlera ces pousses et s'il voit transparaître la lune dorée derrière la fumée, il aura du succès auprès de toutes les femmes. Et il suffit qu'il jette de la poudre de ces pousses additionnée d'excréments de singe sur une vierge, pour qu'elle ne soit donnée en mariage à personne d'autre que lui.

f Mélanger des racines d'iris avec de l'huile de mangue et placer le mélange dans un trou d'arbre sisu pendant six mois ; le retirer, puis en faire un onguent et l'appliquer sur le

POUR SOUMETTRE
UNE FEMME à SA
VOLONTÉ, il CONVIENT
AUSSI DE S'OINDRE
LE CORPS AVEC
UN ONGUENT
à BASE D'*Emblica*
myrobolans.

lingam. Ce mélange a la propriété de soumettre les femmes.

G Plonger un os de chameau dans du suc d'*Eclipta prostata*[8] et brûler le tout. Placer les cendres noires ainsi produites dans une boîte également faite d'os de chameau. Mélanger à de l'antimoine et appliquer sur les cils avec un bâtonnet en os de chameau. Ce pigment est réputé très pur, sain pour les yeux et sert à quiconque l'utilise pour charmer autrui. Le pigment noir confectionné avec des os de faucons, de vautours et de paons produit le même effet.

Ainsi se termine le discours sur la manière de soumettre les autres à sa propre volonté.

Éclipte présente en Inde, aux fleurs blanches.

Voici maintenant les moyens pour accroître la vigueur sexuelle :

a   Un homme acquiert de la vigueur sexuelle en buvant du lait sucré additionné de racine de plante uchchata, de pipar chaba et de réglisse.

b   Il peut aussi boire du lait sucré dans lequel aura cuit un testicule de bélier ou de bouc. Cela le fera redoubler de vigueur.

c   On obtiendra le même effet en buvant le jus de *Hedysarum gangeticum*[9], de kuili et de la plante kshirika, le tout mélangé avec du lait.

d   Moudre de la graine de piment long avec des graines de *Sansevieria roxbur-ghiana*[10] et de *Hedysarum gangeticum*, le tout mélangé avec du lait. Le résultat sera similaire.

9 Légumineuse réputée pour son parfum.

10 Sansevière très présente en Inde, dont les fleurs panachées dégagent un parfum très apprécié.

11 Plante aquatique aux fleurs blanches.

ɛ Selon d'anciens auteurs, l'absorption de graines et de racines moulues de *Trapa bispinosa*[11], de kasurika, de jasmin toscan et de réglisse, mélangées à du kshirikapoli (une espèce d'oignon), le tout dissout dans du lait sucré et de la graisse avant d'être cuit à feu modéré, donne à l'homme la possibilité de jouir d'un grand nombre de femmes.

ƒ Pareillement, il suffit que l'homme mélange du riz à des œufs de moineaux, cuise ce mélange dans du lait, qu'il y ajoute du beurre clarifié et du miel, et qu'il en boive autant que nécessaire et le même effet se produira.

ɢ Pour jouir de plusieurs femmes, il faudra encore mélanger de la balle de graines de sésame avec des œufs de moineaux, puis cuire le tout dans du

lait sucré additionné de beurre clarifié ; y ajouter du *Trapa bispinosa* et de la plante de kasurika, de la farine de blé et de pois et boire le tout.

ɧ Le même effet sera obtenu si l'on boit une pâte à base de beurre clarifié, de miel et de sucre en quantités égales, le tout mélangé à du suc de fenouil et du lait. Ce breuvage est réputé sain, efficace pour la vigueur sexuelle et la santé, et agréable au goût.

i Au printemps, on obtiendra le même effet en absorbant une purée d'*Asparagus racemosus*[12], de plante shvadaushtra, de plante guduchi, de poivre long, de réglisse, le tout cuit dans du lait, du miel et du beurre clarifié.

j Cuire à l'eau l'*Asparagus racemosus* et la plante shvadaushtra avec des fruits de

12 Asperge.

13 Arbre aromatique.

14 Un pala équivaut à 35g.

15 Les auteurs orientaux ont traité des aphrodisiaques dès les temps les plus anciens. Ce qui suit provient de la page 29 d'une ancienne traduction hindoue de *L'art d'aimer*, ou *Ananga Ranga* : « La plupart des traités orientaux classent les aphrodisiaques en deux catégories : (1) ceux qui fonctionnent de manière

Premna spinosa[13] concassés, et boire cette mixture pour obtenir le même effet.

℞ Le printemps venu, il sera bon pour la santé de boire le matin de la graisse cuite ou du beurre clarifié. Cela donne de la force et a bon goût.

℞ Mélanger à parts égales des graines de shvadaushtra et de la farine d'orge. On en mangera un peu chaque matin, au lever, l'équivalent de deux *palas*[14]. L'effet est le même que pour la recette précédente.

Voici quelques strophes sur le sujet :

« La médecine, les védas, ceux qui sont versés dans l'art de la magie, certains confidents peuvent nous initier aux moyens[15] de susciter l'amour et la vigueur sexuelle. On ne devrait

mécanique ou naturelle, comme la scarification, la flagellation, etc. ; et (2) les aphrodisiaques médicinaux ou artificiels. À ceux-ci appartient l'application d'insectes, toujours pratiquée par des tribus sauvages. Tous les orientalistes auront en mémoire la légende du vieux Brahmane et de sa jeune épouse qui insistait pour qu'il se fasse piquer à nouveau par une abeille. »

La Parure, la Séduction des Cœurs et les Ingrédients Stimulants

pas utiliser ceux dont les effets sont douteux, qui pourraient causer des blessures, qui entraîneraient la mort d'animaux ou qui mettraient en contact avec des objets impurs. On n'utilisera que ce qui est sain, consacré par l'expérience, et approuvé par les Brahmanes et les amis. »

La médecine, les védas, ceux qui sont versés dans l'art de la magie, certains confidents peuvent nous initier aux moyens de susciter l'amour et la vigueur sexuelle.

COMMENT STIMULER LE DÉSIR, EXPÉRIENCES ET RECETTES DIVERSES

orsqu'un homme est incapable de satisfaire une Hastini ou femme éléphante, il devrait recourir à des moyens divers pour exciter sa passion. Au début, il frottera le yoni de la femme avec la main ou les doigts et s'abstiendra de tout rapport sexuel avant qu'elle ne se sente excitée ou parvienne au plaisir. C'est là un des moyens de stimuler la femme.

Il pourra également utiliser certains Apadravyas ou objets qui se placent sur le lingam ou l'enserrent pour en

Comment Stimuler le Désir,
Expériences et Recettes Diverses

augmenter la longueur ou la grosseur, de façon à remplir le yoni. D'après Babhravya, ces Apadravyas en or, en argent, en cuivre, en fer, en ivoire, en corne de buffle, en bois divers, en étain, en plomb, doivent être souples, légers, propres à exciter la vigueur sexuelle et à bien remplir leur fonction. Vatsyayana, cependant, est d'avis qu'ils peuvent être confectionnés en tenant compte des goûts naturels de chaque individu.

Voici différentes sortes d'Apadravyas :

1   « L'anneau » (Valaya) doit être adapté au calibre du lingam et sa surface rugueuse car semée d'aspérités.

2   « Le couple » (Sanghati) consiste en une paire d'anneaux.

3   « Le bracelet » (Chudaka) est fait de trois anneaux ou plus, jusqu'à couvrir la longueur totale du lingam.

4   « Le bracelet simple » est un fil métallique enroulé autour du lingam, selon ses dimensions.

5   Le Kantuka ou Jalaka est un tube creux, ouvert aux deux extrémités, dont la surface extérieure est rugueuse et bosselée. Il est confectionné aux dimensions du yoni et on se l'attache à la ceinture.

Si l'on ne peut pas se procurer de tels objets, on pourra faire usage d'un tube en bois de pommier ou de la partie tubulaire d'une calebasse, ou d'une tige de bambou lubrifiée avec de l'huile et des extraits de plantes, attaché à la ceinture avec un cordon. Des morceaux de bois souples liés ensemble peuvent aussi faire l'affaire.

Tout ce qui vient d'être décrit peut être utilisé avec ou en remplacement du lingam.

Les habitants des contrées du Sud croient qu'on ne peut atteindre véritablement le plaisir sexuel sans perforer la peau du lingam. C'est pourquoi, ils la percent comme on perce les lobes des oreilles d'un enfant pour lui faire porter des boucles d'oreilles.

Alors, si un jeune homme veut se perforer le lingam, il utilisera pour ce faire un instrument acéré, puis il s'immergera dans l'eau jusqu'à la fin du saignement. Le soir, il aura un rapport

> Il pourra également utiliser certains objets qui se placent sur le lingam ou l'enserrent pour en augmenter la longueur ou la grosseur.

sexuel vigoureux, afin de nettoyer le trou. Puis il continuera de le laver avec des décoctions et en augmentera progressivement la taille en y introduisant de petites baguettes et de la *Wrightea antidysenterica*[1]. Il lavera également le trou avec de la réglisse mélangée à du miel et en augmentera la taille avec les tiges du fruit de la plante simapatra. Il le frottera aussi avec un peu d'huile.

Dans le trou ainsi pratiqué dans son lingam, l'homme peut introduire des Apadravyas de formes variées, tels « le rond », « le rond d'un côté », « le mortier de bois », « la fleur », « le brassard », « l'os du héron », « l'aiguillon à éléphant », « la série des huit billes », « la boucle de cheveux », « le lieu où se croisent quatre chemins », et autres objets nommés d'après leur forme et la manière dont on s'en sert.

Selon l'exigence, tous ces Apadravyas doivent être rugueux à l'extérieur.

Dans le cas où l'homme voudra agrandir son lingam, il le frottera avec les poils de certains insectes qui vivent dans les arbres, puis, après l'avoir frictionné d'huiles pendant dix nuits consécutives, il recommencera à le frotter de poils comme précédemment. En continuant à procéder de cette manière, le lingam gonflera progressivement ; l'homme se couchera ensuite sur un lit approprié et laissera pendre son lingam à travers le trou prévu à cet effet. Puis, il calmera la douleur causée par l'œdème en faisant usage de décoctions. Ce gonflement que l'on appelle « Suka » se rencontre fréquemment chez les habitants des régions dravidiennes, et persiste toute la vie.

Sorte de pervenche qui renferme des alcaloïdes, autrefois utilisés dans les traitements contre les diarrhées.

Comment Stimuler le Désir,
Expériences et Recettes Diverses

En frottant le lingam avec les ingrédients suivants : *Physalis flexuosa*[2], la plante shavara-kandaka, et la jalasuka, le fruit de l'aubergine, du beurre de bufflonne, la plante hasti-charma et le suc de la plante vajrarasna, le gonflement durera tout le mois.

En frottant avec de l'huile dans laquelle aura cuit une décoction de tous les ingrédients mentionnés, on obtiendra encore une hypertrophie du lingam qui durera six mois également.

On pourra aussi faire grossir le lingam en le frottant ou en l'humidifiant avec de l'huile dans laquelle on aura fait cuire des graines de grenadier, du concombre, le suc de la plante valuka et de la plante hasti-charma, et de l'aubergine.

Outre ce qui a été dit, il existe d'autres procédés que peuvent révéler des personnes expérimentées et de confiance.

Voici diverses recettes et expérimentations :

a Lorsqu'un homme jette sur une femme la mixture suivante, elle n'aimera aucun autre après lui : plante à haie laiteuse et plante kantaka, excréments de singe et racine moulue de plante lanjalika.

b Épaissir le jus des fruits du *Cassia fistula*[3] et de *Eugenia jambolana*[4] en les mélangeant avec de la poudre de plante soma, de *Vernonia anthelmintica*[5], de *Eclipta prostata* et de lohopa-jihirka et appliquer l'appareil sur le yoni de la femme avant d'avoir un rapport avec elle. L'amour pour cette femme sera anéanti.

2 Coqueret ; fruit comestible.

3 Averse dorée (fleurs parfumées jaune vif).

4 Arbuste à baies dont les fleurs sont blanches.

5 Vernonia dont les capitules varient du rouge violet au bleu.

Comment Stimuler le Désir, Expériences et Recettes Diverses

Au début, il frottera
le yoni de la femme
avec la main
ou les doigts
et s'abstiendra
de tout rapport
sexuel avant
qu'elle ne se sente
excitée ou
parvienne au plaisir.

278

ꞇ Le même effet se produira si un homme
a des relations avec une femme qui s'est
baignée dans du babeurre de bufflesse
mélangé avec de la poudre de plante
gopalika, de plante banupadika et
d'amarante jaune.

ꝺ Si la femme utilise un onguent à base
de fleurs du *Nauclea cadamba*[6], de prunes
des cochons et de *Eugenia jambolana*,
son mari éprouvera de l'aversion pour
elle.

ꝫ Des guirlandes de ces mêmes fleurs,
portées par une femme, auront le
même effet.

ꝼ Un onguent fabriqué à base du fruit de
Asteracantha longifolia[7] (kokilaksha)
provoquera la contraction du yoni
d'une Hastini, ou femme éléphante, et
cette contraction durera toute la nuit.

6 Naucléa aux fleurs
jaunes et odorantes.

7 Plante hydrophyllacée.

g Un onguent à base de racines de *Nelumbium speciosum* et de lotus bleu, ainsi que de la poudre de *Physalis flexuosa* mélangé à du beurre clarifié et du miel, élargit le yoni de la femme Mrigi (biche).

h Pour faire blanchir les cheveux, confectionner un onguent à base de fruit d'*Emblica myrobolans* trempé dans du lait de plante à haie, mélangé à la plante soma, à *Calotropis gigantea*[8], et au suc du fruit de *Vernonia anthelmintica*.

i Pour faire pousser les cheveux, confectionner une lotion à base d'extraits de racines de la plante madayantika, d'amarante jaune, de plante anjanika, de *Clitoria ternatea*[9], et de plante shlakshnaparni.

j En faisant cuire les racines mentionnées ci-dessus dans de l'huile, on obtiendra un onguent qui favorisera la repousse des cheveux et les fera retrouver leur couleur noire.

K Pour faire blanchir une lèvre rouge, il faut lui appliquer de la laque, trempée auparavant sept fois dans la sueur de testicule d'un cheval blanc.

l On retrouvera la couleur des lèvres en utilisant la madayantika et autres plantes mentionnées au paragraphe **i**.

M Une femme qui entend un homme jouer d'une flûte de roseau trempée au préalable dans du suc de bahupadika, de *Tabernae montana coronaria*, de *Costus speciosus* ou *arabicus*, de *Pinus deodora*, de *Euphorbia antiquorum*[10], de plantes vajra et kantaka, deviendra son esclave.

N Mélanger de la pomme épineuse (datura) aux aliments, produit une intoxication.

8 Arbuste d'une hauteur de cinq à sept mètres dont l'écorce, les fleurs et le jus ont des vertus médicinales.

9 Fleur très large de couleur lilas.

10 Euphorbe cactiforme à latex.

Comment Stimuler le Désir,
Expériences et Recettes Diverses

o   Si on mêle de l'eau, de l'huile et des cendres de n'importe quelle herbe, excepté l'herbe kusha, ce mélange prendra la couleur du lait.

p   Pour donner une coloration rouge à des des pots de fer, il faut piler ensemble du myrobolan jaune, de la prune de cochon, les plantes shrawana et priyangu et appliquer l'appareil sur le pot.

q   Si on allume une lampe qui brûle avec de l'huile des plantes shrawana et priyangu (et dont la mèche est faite de chiffon et de mue de serpent) et que l'on place à côté de longs morceaux de bois, ceux-ci se transformeront en autant de serpents.

r   Boire le lait d'une vache blanche dont le veau blanc est couché à ses pieds porte chance, renommée et conserve la vie.

s Les bénédictions d'un vénérable Brahmane bien disposé à votre égard auront le même effet.

En conclusion, voici quelques strophes :

« Or voici que j'ai écrit en quelques mots ces aphorismes sur l'amour, après avoir lu les textes des auteurs anciens, et en transmettant les moyens qu'ils préconisent pour atteindre le plaisir.

« Quiconque connaîtra les véritables principes de cette science agira selon le Dharma, l'Artha et le Kama, ainsi que selon ses propres expériences et les enseignements des autres, et ne se laissera pas aller simplement à ses désirs. Quant aux erreurs relatives à la science de l'amour, immédiatement après les avoir mentionnées je les ai, en tant qu'auteur et de ma propre autorité, soigneusement censurées et écartées.

« On ne doit jamais tolérer un acte sous prétexte qu'il est autorisé par la science, car il ne faut pas oublier que la science tend à édicter des règles applicables à des cas individuels uniquement. Après avoir lu et médité l'œuvre de Babhravya et d'autres auteurs anciens, et réfléchi aux préceptes préconisés par eux, Vatsyayana a composé le *Kama sutra*, selon l'enseignement des Écritures saintes et pour le bien du monde. Il menait alors la vie d'un étudiant pieux, dévolue à la contemplation de la Divinité.

« Cet ouvrage n'est pas simplement un instrument destiné à être utilisé pour satisfaire à nos désirs. Celui qui possède les véritables principes de cette science, qui prend soin de son Dharma, de son Artha et de son Kama, et qui respecte la pratique des autres, celui-là est assuré de parvenir à maîtriser ses sens.

Celui qui possède les
véritables principes
de cette science,
qui prend soin
de son Dharma,
de son Artha
et de son Kama,...
celui-là est assuré
de parvenir
à maîtriser ses sens.

« Celui qui prêtera attention au Dharma et à l'Artha, ... celui là sera assuré de réussir tout ce qu'il entreprendra. »

« En résumé, celui qui saura déployer intelligence et prudence, qui prêtera attention au Dharma et à l'Artha, et prendra également soin du Kama sans devenir l'esclave de ses passions, celui-là sera assuré de réussir tout ce qu'il entreprendra. »

Crédit des illustrations :

Frontispice – Position non répertoriée dans le *Kama sutra* ; le fond très rouge symbolise la passion ardente ainsi que l'intense chaleur de l'été, Rajasthan, vers 1800, (gouache sur papier). Crédit : collection privée/Bridgeman Art Library.

p. 11 – Le plaisir dans l'intimité du prince Muhammad Agar, fils de Aurangzeb par Rachid, Bikaner, école Rajput, vers 1678-1698, (gouache sur papier). Crédit : Fitzwilliam Museum, Université de Cambridge, UK/Bridgeman Art Library.

p. 31 – Le plaisir dans l'intimité du prince Jahandas Shah par Gopi, Bikaner, Rajasthan, vers 1678-1698, (gouache sur papier). Crédit : Fitzwilliam Museum, université de Cambridge, UK/Bridgeman Art Library.

p. 38 – Le plaisir dans l'intimité du prince Bedar Bakht, fils de l'empereur Muhammad Azim par Gulam Qadir, Bikaner, Rajasthan, école Rajput, vers 1678-1698, (gouache sur papier). Crédit : Fitzwilliam Museum, université de Cambridge, UK/Bridgeman Art Library.

p. 45 – Couple royal se contemplant les yeux dans les yeux, sur un lit à la terrasse du palais, Bundi, Rajasthan, école Rajput, XVIIIe siècle, (gouache sur papier). Crédit : collection privée/Bridgeman Art Library.

p. 52 – Le plaisir dans l'intimité du prince Khurram, fils de Jahangir, par Bhim Gujarati, Bikaner, Rajasthan, école Rajput, vers 1678-1698, (gouache sur papier). Crédit : Fitzwilliam Museum, université de Cambridge, UK/Bridgeman Art Library.

p. 63 – Amants royaux de nuit sur une terrasse dans la position de pénétration en avant, du *Kama sutra*, Bundi, Rajasthan, école Rajput, fin XVIIIe siècle, (gouache sur papier). Crédit : collection privée, Bridgeman Art Library.

p. 71 – Le plaisir dans l'intimité du prince Parwez, fils de Jahangir, par Miskin, Bikaner, Rajasthan, école Rajput, vers 1678-1698, (gouache sur papier). Crédit : Fitzwilliam Museum, université de Cambridge, UK/Bridgeman Art Library.

p. 78 – Le plaisir dans l'intimité de l'empereur Jahangir, par Mahesh, Bikaner, Rajasthan, école Rajput, vers 1678-1698, (gouache sur papier). Crédit : Fitzwilliam Museum, université de Cambridge, UK/Bridgeman Art Library.

p. 83 – Le plaisir dans l'intimité de Raja Ram Chand, par Bhura, Bikaner, Rajasthan, école Rajput, vers 1678-1698, (gouache sur papier). Crédit : Fitzwilliam Museum, université de Cambridge, UK/Bridgeman Art Library.

p. 90 – Le plaisir dans l'intimité du prince Jahandar, fils de Jahangir, par Abdul Hamid, Bikaner, Rajasthan, école Rajput, vers 1678-1698, (gouache sur papier). Crédit : Fitzwilliam Museum, université de Cambridge, UK/Bridgeman Art Library.

p. 97 – Le plaisir dans l'intimité de Mirza Raja Jai Singh, par Nathu Lal, Bikaner, Rajasthan, école Rajput, vers 1678-1698, (gouache sur papier). Crédit : Fitzwilliam Museum, université de Cambridge, UK/Bridgeman Art Library.

p. 104 – Le plaisir dans l'intimité du prince Kusrau, fils de Jahangir, par Natha, Bikaner, Rajasthan, école Rajput, vers 1678-1698, (gouache sur papier). Crédit : Fitzwilliam Museum, université de Cambridge, UK/Bridgeman Art Library.

p. 111 – Le plaisir dans l'intimité de Raja Bhagwandas, par Kanak Singh, Bikaner, Rajasthan, école Rajput, vers 1678-1698, (gouache sur papier). Crédit : Fitzwilliam Museum, université de Cambridge, UK/Bridgeman Art Library.

p. 116 – Le plaisir dans l'intimité de Danyal, fils de l'empereur Akbar : le prince et son épouse font l'amour sur la terrasse du palais, leurs vêtements déposés sur un tabouret près du lit, par Tara Chand, Bikaner, Rajasthan, école Rajput, vers 1678-1698, (gouache sur papier). Crédit : Fitzwilliam Museum, université de Cambridge, UK/Bridgeman Art Library.

p. 119 – Le plaisir dans l'intimité de Raja Bhar Mal : le couple fait l'amour sur un lit à baldaquin, à l'extérieur mais dans l'enceinte du palais, par Anand Agar, Bikaner, Rajasthan, école Rajput, vers 1678-1698, (gouache sur papier). Crédit : Fitzwilliam Museum, université de Cambridge, UK/Bridgeman Art Library.

p. 131 – Couple faisant l'amour dans une position très ouverte, non répertoriée dans le *Kama sutra*, Mankot, Punjab, milieu du XVIIIe siècle, (gouache sur papier). Crédit : collection privée, Bridgeman Art Library.

p. 137 – La position convenant à la femme Shankhini, et à l'homme Vrishna, par Anoop Chhattar, Bikaner, Rajasthan, école Rajput, vers 1678-1698, (gouache sur papier). Crédit : Fitzwilliam Museum, université de Cambrige, UK/Bridgeman Art Library.

p. 141 – Le plaisir dans l'intimité du prince Aurangzeb, fils de Shah Jahan, par Anoop Chhattar, Bikaner, Rajasthan, école Rajput, vers 1678-1698, (gouache sur papier). Crédit : Fitzwilliam Museum, université de Cambridge, UK/Bridgeman Art Library.

p. 146 – Prince engagé dans une union double, décrit par Vatsyayana dans son *Kama sutra*, Bundi, Rajasthan, école Rajput, vers 1800. Crédit : collection privée/Bridgeman Art Library.

Comment Stimuler le Désir,
Expériences et Recettes Diverses

P. 153 – Le plaisir dans l'intimité du prince Murad, fils de Shah Jahan, par Govardhan, Bikaner, Rajasthan, école Rajput, vers 1678-1698, (gouache sur pa...
Crédit : Fitzwilliam Museum, université de Cambridge, UK/Bridgeman Art Library.

P. 158 – Le plaisir dans l'intimité de Raja Dalpat Singh par l'artiste Lakroo, Bikaner, Rajasthan, école Rajput, vers 1678-1698, (gouache sur papier). Cré...
Fitzwilliam Museum, université de Cambridge, UK/Bridgeman Art Library.

P. 162 – Prince et dame combinant deux des positions érotiques canoniques décrites dans le *Kama sutra*, Bundi, école Rajput, 1790, (gouache sur papier). C...
collection privée/Bridgeman Art Collection.

P. 171 – Le plaisir dans l'intimité du prince Dara Shikoh, fils de Shah Jahan, par Govardhan, Bikaner, école Rajput, Rajasthan, vers 1678-1698, (gouache sur pa...
Crédit : Fitzwilliam Museum, université de Cambridge, UK/Bridgeman Art Library.

P. 177 – « La position du corbeau », du *Kama sutra*, rapport oral passionné entre un prince et une dame sur un tapis semé de coussins, Bundi, Rajasthan, école R...
1790, (gouache sur papier). Crédit : collection privée/Bridgeman Art Library.

P. 183 – Le plaisir dans l'intimité de Raja Todor Mal : le couple fait l'amour sur un balcon avec en toile de fond une paroi incrustée de marbre, par Kem K...
Bikaner, Rajasthan, école Rajput, vers 1678-1698, (gouache sur papier). Crédit : Fitzwilliam Museum, université de Cambridge, UK/Bridgeman Art Library.

P. 190 – Le plaisir dans l'intimité du Maharajah Bim : le couple fait l'amour sur un lit à baldaquin, par Bovardhan, Bikaner, Rajasthan, école Rajput, vers 1678-
(gouache sur papier). Crédit : Fitzwilliam Museum, université de Cambridge, UK/Bridgeman Art Library.

P. 199 – Le plaisir dans l'intimité du prince Muhammad Shah, Bikaner, Rajasthan, école Rajput, vers 1678-1698, (gouache sur papier). Crédit : Fitzwilliam Mu...
université de Cambridge, UK/Bridgeman Art Library.

P. 205 – Couple faisant l'amour dans la position convenant à la femme Chitrini et à l'homme Mriga, par l'artiste Chiraman, Bikaner, Rajasthan, école Rajput...
1678-1698, (gouache sur papier). Crédit : Fitzwilliam Museum, université de Cambridge, UK/Bridgeman Art Library.

P. 213 – Le plaisir dans l'intimité du fils de Raja Bhagwandas, par Narsingh, Bikaner, Rajasthan, école Rajput, vers 167816-98, (gouache sur papier). Cré...
Fitzwilliam Museum, université de Cambridge, UK/Bridgeman Art Library.

P. 217 – Le plaisir dans l'intimité de Raja Bir Bal : le couple fait l'amour sur un balcon recouvert de tapis, par Har Bishan Ram, Bikaner, Rajasthan, école R...
vers 1678-1698, (gouache sur papier). Crédit : Fitzwilliam Museum, université de Cambridge, UK/Bridgeman Art Library.

P. 223 – Le plaisir dans l'intimité du commandant en chef portugais, par Dharandas, Bikaner, Rajasthan, école Rajput, vers 1678-1698, (gouache sur papier). C...
Fitzwilliam Museum, université de Cambridge, UK/Bridgeman Art Library.

P. 230 – Le plaisir dans l'intimité du prince Mohammad Shuja, fils de Shah Jahan, par Hunhar, Bikaner, Rajasthan, école Rajput, vers 1678-1698, (gouac...
papier). Crédit : Fitzwilliam Museum, université de Cambridge, UK/Bridgeman Art Library.

P. 237 – Le couple fait l'amour dans la position convenant à la femme Padmini et à l'homme Shasha, par Hunhar, Bikaner, Rajasthan, école Rajput, vers 1678-
(gouache sur papier). Crédit : Fitzwilliam Museum, université de Cambridge, UK/Bridgeman Art Library.

P. 244 – Le plaisir dans l'intimité de Kunwar Meghraj Ji, par Lachmi Narain, Bikaner, Rajasthan, école Rajput, vers 1678-1698, (gouache sur papier). C...
Fitzwilliam Museum, université de Cambridge, UK/Bridgeman Art Library.

P. 253 – « Le Taureau parmi les Vaches » du *Kama sutra* ; prince faisant l'amour à cinq femmes, Kotah, Rajasthan, école Rajput, 1800. Crédit : colle...
privée/Bridgeman Art Library.

P. 260 – Le plaisir dans l'intimité du prince Saleem, par Basawan, Bikaner, Rajasthan, école Rajput, vers 1678-1698, (gouache sur papier). Crédit : Fitzwi...
Museum, université de Cambridge, UK/Bridgeman Art Library.

P. 267 – Le plaisir dans l'intimité de l'empereur Akbar : l'empereur et sa partenaire font l'amour sur une couche de coussins de brocard, sur un balcon ; au fond pa...
entouré d'eau avec canards et nénuphars, par Lal, Bikaner, Rajasthan, école Rajput, vers 1678-1698, (gouache sur papier). Crédit : Fitzwilliam Museum, uni...
de Cambridge, UK/Bridgeman Art Library.

P. 271 – Couple faisant l'amour dans la position convenant à la femme Shinkhini et à l'homme Vrishna, par Anoop Chhattar, Bikaner, Rajasthan, école Rajpu...
1678-1698, (gouache sur papier). Crédit : Fitzwilliam Museum, université de Cambridge, UK/Bridgeman Art Library.

P. 285 – Le plaisir dans l'intimité du Maharaja Anup Singh de Bikaner, par l'artiste Rashid, Bikaner, Rajasthan, école Rajput, vers 1678-1698, (gouache sur pa...
Crédit : Fitzwilliam Museum, université de Cambridge, UK/Bridgeman Art Library.

P. 278 – Le plaisir dans l'intimité de Raja Karan, par Pirthi, Bikaner, Rajasthan, école Rajput, vers 1678-1698, (gouache sur papier). Crédit : Fitzwilliam Mu...
université de Cambridge, UK/Bridgeman Art Library.